大展好書　好書大展
品嘗好書　冠群可期

大展好書　好書大展
品嘗好書·　冠群可期

實用武術技擊⑱

武兵 武冬 著

武術實用技法精粹

大展出版社有限公司

作者簡介

武兵 山西省大同市人，中共黨員，畢業於北京體育大學，中國武術段位6段，國家一級裁判，高級教練員；歷任山西省大同市武術培訓中心總教練，大同市體育運動學校武術、散打總教練，大同市武兵武術學校校長兼總教練，現任北京雙武培訓中心總教練。

武兵出生於武術世家，從小隨父習武，並經武術界多位名家指導，勤修靜悟，後逐步在武壇嶄露頭角，在國內、國際各類大賽中榮獲武術、散打冠軍共計16個。他從18歲開始從事教練工作，先後在河北、山西、天津、北京等地的武術機構任教，培養出了眾多的優秀人才，同時還多次擔任各級武術、散打比賽的裁判工作。

在執教之餘，又先後在全國武術專業雜誌《中華武術》《武魂》《少林與太極》《武當》《武林》

《精武》《搏擊》《拳擊與格鬥》上發表了 200 餘篇
武學文章，2004 年和 2005 年兩次榮獲全國武術有獎徵
文大獎，並有多部專著，如《泰拳技巧圖解》《武術
運動損傷防治大全》《散打精踢 100 招》和《散打絕
打 100 招》等。此外，中國青少年音像出版社、人民
體育音像出版社出版發行了由作者講解和演練的《中
國武術大系──學散手》和《世界搏鬥武技系列教學
片──泰拳》VCD 光碟。

武冬 山西大同人，中共黨員，北京體育大學畢
業，現任北京體育大學武術學院副教授。

出生於武術世家，自幼隨父習武，在各類武術比
賽中屢獲佳績，著書立說頗豐。

前　言

　　武術爲中國之「國粹」，其實用技法堪稱武術的靈魂，同時也是武術項目區別於其他體育項目的重要標誌。中華武術以技法精妙、功力深厚、拳理深邃、功效卓著等特點而蜚聲世界武壇。

　　當今許多武術愛好者對武術實用技法情有獨鍾，酷愛有加。因爲學練實用武技不僅可以強健身體、健康身心和提高生活品質，而且還能防身抗暴，保護自身合法權益不受不法分子的侵害。

　　筆者自幼秉承家傳習武，深感武術實用技法之博大精深，技理之奧妙無窮，多年來致力武術實用技法的研習，心藏一個夙願，即將自身所修練的、所感悟的優秀實用武技撰文成書，奉獻給廣大武術愛好者，誠願大家能夠學有所感，學有所用。

　　本書可謂是對中華武術優秀實用武技的梳理，是筆者對實用武技潛心研究和勤修體悟的結晶，是融科學性、系統性、實用性、易學性爲一體的一本致真讀物，同時也是廣大武術愛好者健身防身的良師益友，是眾多武術運動員、武警和公安幹警提高技藝的必備讀物。

　　雖然筆者傾盡全部精力撰著此書，但難免會有不當之處，敬請廣大讀者不吝賜教。

在此向爲本書提供支持和幫助的武林前輩武萬富、白枝梅、楊大辰、李治及同道好友王宏強、伍軍紅、李彥軍、尉飛、于小平、高禎、練強等致以謝意。

武 兵

目　錄

武術實用技法精粹

目
錄

武術實用技法精粹

一、頭撞技法

頭為周身之首，既是實戰實技、戰術演變的高級司令部，又是進攻的有力武器。據科研證明，成人頭部所承受的擊打力高達 450 千克，足見頭部之堅硬無比。

頭撞技法是將實用的頭的招式與頭的功法修練融合為一體的一種獨特技法，以其勢猛力大、靈活多變、堅硬無比、可攻可守、招式精巧以及使對手防守困難等諸多優點而備受搏擊愛好者青睞。

（一）抱臂撞面

雙方對戰，對手（注：書中各種技法的圖解，均以穿白衣者為對手，穿黑衣者為我方）突然從背後用雙手抱控我上體欲施用摔技；我急速用雙手抱扣對手左右臂以防其逃脫，同時向後撞頭猛擊其頭面（圖 1–1）。

要點： 抱臂、撞面協調一致，快速有力，蹬地展身發力，力達頭後部；呼氣出招，意念兇狠，發力脆快（頭撞技法中的每一種動作都有此要求，以下不再一一說明）。

圖 1-1

圖1-2

圖1-3

（二）擋臂撞胸

雙方對戰，對手突然進身用雙掌從兩側摜打我頭部；我急用雙臂屈肘外擋破化來掌，隨之翻腕下抓對手左右手腕，同時進步向前撞頭猛擊其胸部（圖1-2、3）。

圖1-4

要點：擋臂、抓腕、撞頭協調一致，快速有力，蹬地拱身發力，力達頭前部。

（三）拍腿撞胸

雙方對戰，對手突然用右邊腿猛踢我頭頸；我急速上右步，雙手向下拍阻破化來腿進攻，同時向側撞頭猛擊對手胸部，令其倒地（圖1-4）。

要點：雙掌拍腿及時，準確有力，上步、蹬地轉腰與甩頭髮力上下協調一致，力達頭側部。

（四）抱腿撞襠

雙方對戰，對手突然從背後用雙手臂扼鎖我頭頸；我急速向後移步、身體下坐，雙手反抱對手左右腳踝，令其倒地，同時上體後倒向後撞頭猛擊其襠部（圖1-5、6）。

要點：後倒身敏捷，抱腿、撞襠協調一致，蹬地展身甩頭髮力，力達頭後部。

圖1-5

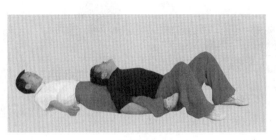

圖1-6

（五）抓肩撞面

雙方對戰，對手突然進步用雙推手猛力將我推倒，並順勢騎壓在我的身上，雙手掐鎖我脖頸；我急速用左右手回拉其雙肩，同時向前撞頭猛擊對手面門（圖1-7）。

圖1-7

要點：回拉左右肩部準確有力，含身弓背發力，力達頭前部。

（六）拉腿撞臀

雙方對戰，我突然從對手背後用雙手抓拉其雙小腿，同時頭向前猛撞其臀部，令其倒地，隨之雙手上提對手左右腳，同時出左蹬腿狠蹬其襠部（圖1-8、9）。

要點：抓拉腿、撞臀動作一致，快速有力，蹬地俯身

圖1-8

圖1-9

發力，力達頭頂部，蹬腿要快，力達腳跟。

（七）擋拳撞臉

雙方對戰，對手突然用右擺拳攻打我頭部；我急速上右步用雙手臂外擋來拳，同時頭向側撞擊其面部（圖1-10）。

要點：擋拳及時準確，上步、蹬地轉腰與甩頭髮力一致，力達頭側部。

（八）拉腕撞臉

雙方對戰，對手突然用右直拳攻打我心腹；我急速上左步向右轉身，雙手刁抓來拳腕部並下拉，同時頭向上猛撞對手臉部（圖1-11）。

要點：抓拉拳腕準確，上步、蹬地展背與撞臉協調一致，快速有力，力達頭頂部。

圖1-10

圖1-11

圖 1-12　　　　　　　　　圖 1-13

（九）拍腿撞背

雙方對戰，對手突然用右後蹬腿攻踢我襠部；我急速用雙手交叉向下拍擊來腿，隨之進步用頭猛力頂撞其後背（圖 1-12、13）。

要點：拍腿及時準確，進步、蹬地俯身發力與撞頭協調一致，力達頭頂。

（十）抱腿撞胸

雙方對戰，對手突然用右蹬腿攻踢我心窩；我急速上右步向左轉身 180°，用右手由外向內掏抱夾控破化其腿，同時頭向後猛撞對手胸部，令其倒地（圖 1-14）。

要點：上步、轉身、掏

圖 1-14

抱腿及時準確，敏捷有力，蹬地仰身甩頭髮力，力達頭後部。

（十一）彈襠撞面

雙方對戰，我突然用左彈腿攻踢對手襠部，隨之落步連招用雙手刁抓下拉其左右手，同時頭向上撞擊其面部（圖 1-15、16）。

要點：彈襠、撞面連貫，快速有力，彈腿力達腳尖，蹬地伸背發力，力達頭頂。

（十二）拍膝撞胸

雙方對戰，對手突然進身用雙手拉抓我肩部，並用右頂膝攻擊我襠部；我急速用雙掌下拍破化來膝，同時上右步，用頭向前猛撞對手胸部（圖 1-17）。

要點：拍膝及時，準確有力，蹬地弓背，低頭發力，力達頭前部。

圖 1-15

圖 1-16

圖 1-17

(十三) 架掌撞心窩

雙方對戰，對手突然進身用雙掌劈打我肩；我急速用雙手上架破化來招，隨之雙腳蹬地躍身用頭撞擊對手心窩（圖 1-18、19）。

要點：架掌及時準確，動作快速有力，蹬地躍身發力，力達頭頂。

圖 1-18

圖 1-19

二、手打技法

（一）拳技絕打法

　　拳打是實戰中最易上手和最易得手的技法，究其原因，一是雙手在日常生活、學習、工作等方面使用機會較多，故雙手非常靈巧；二是雙手在對搏時因相距對手頭、頸、胸、腹等要害處較近，出於人體本能的反應，拳打技法便會首當其衝；三是使用拳打比腿踢更容易保持自身的平衡。在實戰中，拳打講求呼氣出拳，快打疾收，意氣力相合。

　　拳技絕打法包括單拳絕打法和雙拳絕打法兩部分內容。

1.單拳絕打法

(1)沖拳

　　①雙方對峙，我突然進步用左沖拳搶打對手面門，對手快速後移重心閃躲，接著我以右沖拳狠打其頭頸要害（圖 2-1-1、2）。

　　要點： 沖拳快速連貫，蹬地轉腰，送肩發力，力達拳面。

圖 2-1-1

19

圖 2-1-2　　　　　　　　　　圖 2-1-3

②雙方對峙，對手突然用右蹬腿攻踢我心窩；我快速應變，側上左腳，身體向右閃轉，用左手向裏抄抱破化來腿，同時右沖拳狠打對手面門（圖 2-1-3）。

要點：抄抱腿及時準確，蹬地送肩，探臂發力，力達右拳面。

③雙方對峙，我突然進身以右撞膝猛擊對手腹部，對手急用十字手向下封阻，我右腿順勢回落，以右沖拳攻打其頭部，左拳回護體前（圖 2-1-4、5）。

要點：撞膝快速有力，右腳回落及時，蹬地轉腰發力，力達右拳面。

(2) 摜拳

①雙方對峙，對手突然用右沖拳搶打我面部；我快速應變，左腳側閃步，左掌向外橫拍破化來拳，同時出右橫摜拳反打對手頭頸側部（圖 2-1-6）。

要點：移步、拍拳、摜打協調一致，快速準確，蹬地轉腰發力，力達右拳面，右肘部微屈。

圖 2-1-4

圖 2-1-5

圖 2-1-6

②雙方對峙，我突然用左低邊腿攻踢對手右膝窩處，接著下落左步，連用左攬拳狠打其頭部，同時右拳回護體前（圖2-1-7、8）。

要點：左拳、左腿相連緊密，準確有力。邊腿擰腰轉胯，大小腿由屈到伸發力，力達腳面及脛骨處；攬拳橫掄擺打，力達左拳面。

圖 2-1-7

圖 2-1-8

③雙方對峙，對手突然用
左側踹腿攻踢我胸部；我快速
應變，側進左步錯閃位，同時
用左摜拳擺打對手頭面，右拳
回護體前（圖2-1-9）。

要點：移步、錯位及時準
確，蹬地轉腰發力，力達左拳
面。

圖 2-1-9

(3)掏拳

①雙方對峙，對手突然進
身用雙手抓拉我雙肩，右頂膝攻擊我心窩；我快速應變，
用左臂向下阻壓破化來膝，同時右掏拳狠打對手下頜（圖
2-1-10）。

要點：邊攻邊守，沉肩壓臂，準確有力，蹬地轉腰拋
臂發力，力達右拳面。

②雙方對峙，對手突然用右高邊腿攻踢我頭頸；我快

速應變，用左臂外擋破化來腿，同時出右掏拳勾打其襠部（圖2-1-11）。

要點：擋臂滾擰，肌肉收縮，接位準確；掏拳屈肘，快速有力，蹬地轉腰發力，力達右拳面。

③雙方對峙，對手突然用右沖拳猛打我面部；我快動應變，以左右連環掏拳破打其右手臂和下頜（圖2-1-12、13）。

圖2-1-10

圖2-1-11

圖2-1-12

圖2-1-13

圖2-1-14　　　　　　　圖2-1-15

要點：掏拳連環，快速準確，轉腰沉肩發力，力達拳面。

(4)劈拳

①雙方對峙，對手突然用右沖拳攻打我面部；我快速應變，用左拳下劈破化來拳，接著進步以右劈拳攻打其頭部（圖2-1-14、15）。

要點：左右劈拳連環快準，拳打軌跡成斜十字形，轉腰沉肩發力，力達拳輪。

②雙方對峙，對手突然上步用頭撞擊我胸部；我快速應變，用右劈拳向下砸擊對手後腦要害，同時左手屈肘回護胸前（圖2-1-16）。

要點：劈拳準確有力，沉肩墜肘發力，力達右拳輪。

③雙方對峙，對手突然進身用右手抓扯我胸衣；我快速應變，用右手扣擰對手手腕，同時以左劈拳向下砸擊其肘關節（圖2-1-17）。

要點：扣擰手腕牢固有力，轉身沉臂發力，力達左拳

圖 2-1-16 圖 2-1-17

輪及前臂。

(5) 栽拳

① 雙方對峙，對手突然進身用抱腿摔攻擊我；我快速應變，用左手向後抓拉其頭髮，同時右栽拳打擊其鼻梁要害（圖 2-1-18）。

要點：抓髮、栽拳同打一致，轉腰沉身，右肘關節彎曲，墜肘發力，力達右拳面。

圖 2-1-18

② 雙方對峙，對手突然用右斜撞膝攻擊我腹部；我快速應對，用右栽拳向下阻打其來膝大腿面，接著斜上右步以左栽拳補打其心腹要害（圖 2-1-19、20）。

要點：左右栽拳快速連貫，轉腰沉身發力，力達拳面，肘部微屈，栽拳時另一拳回護體前。

圖 2-1-19

圖 2-1-20

③雙方對峙，對手突然用左摜拳擺打我頭部；我快速
應對，用右手臂向外擋抓來拳破化，同時出右腿掛踢對手
前支撐腿，左手直推其頸部，使其跌倒在地，接著蹲身前
俯以左栽拳補打其面門（圖 2-1-21、22）。

要點：推頸、掛腿形成前後錯力，手腳齊動一致，沉
身墜臂發力，力達左拳面，左膝順勢跪壓對手襠腹。

圖 2-1-21

圖 2-1-22

圖 2-1-23　　　　　　　　圖 2-1-24

(6) 翻拳

①雙方對峙，對手突然用右沖拳擊打我胸部；我快速應對，用右掌向下拍阻破化來拳，接著以右翻拳扣打對手面門（圖 2-1-23、24）。

要點： 拍擊準確有力，翻拳以肘關節為軸向前翻打，轉腰探臂發力，力達右拳背，左拳回護體前。

②雙方對峙，我突然用左勾踢腿攻擊對手前支撐腿腳跟，同時左翻拳狠打其面門，右拳擺至頭側（圖 2-1-25）。

要點： 勾踢、搶攻突然果斷，準確有力，翻拳活肘，探臂發力，力達左拳背，拳、腿齊動一致。

③雙方對峙，對手突然

圖 2-1-25

圖 2-1-26　　　　　　　　　圖 2-1-27

用左邊腿攻踢我腰腹；我快速應對，用左拳向外磕擋破化來腿，接著左腳進步以左翻拳打擊對手面門，同時右手屈肘回護體前（圖 2-1-26、27）。

要點：磕擋來腿準確有力，進步、翻打協調一致，轉腰活肘，探臂發力，力達左拳背。

(7) 鞭拳

① 雙方對峙，對手突然用左掏拳搶打我心窩；我快速應變，用右掌下拍破化來拳，同時出左鞭拳抽打其左耳門（圖 2-1-28）。

要點：拍擊、鞭拳同時一致，轉腰抖腕發力，力達左拳背。

② 雙方對峙，對手突然用右高邊腿猛踢我頭部；我快

圖 2-1-28

圖 2-1-29

圖 2-1-30

速應對，用右手臂向外拍擋來腿，隨之快撤左腳於右腿後，同時左轉身出左鞭拳抽打對手頭頸要害處，右拳回護體前（圖 2-1-29、30）。

要點：拍腿快速準確，短促有力，轉身鞭拳協調穩固敏捷，擰腳轉身，甩頭抽臂發力，力達左拳背。

③雙方對峙，對手突然用右沖拳搶打我面門；我快速應對，以右鞭拳橫向攔打來拳，同時用右蹬腿狠踢其腰肋處（圖 2-1-31）。

要點：鞭拳準確有力，蹬腿快速，上下手腳協調一致，抖臂轉腰發力，力達右拳背。

(8) 蓋拳

①雙方對峙，對手突然進身用抱腿摔搶攻我；我快

圖 2-1-31

圖 2-1-32

圖 2-1-33

速應對，用右蓋拳向下蓋打其後腦要害，同時左拳回護體
前（圖 2-1-32）。

要點：蓋打準確有力，沉身屈肘發力，力達右拳心。

②雙方對峙，對手突然用左斜撞膝攻擊我腹部；我快
速應對，用左掌拍阻破化其來膝，同時出右蓋拳蓋打其頭
頸要害（圖 2-1-33）。

要點：拍擊準確有力，蓋拳轉腰屈肘，甩臂發力，力
達右拳心。

③雙方對峙，對手突然用左掏拳勾打我下頜；我快速
應對，用右蓋拳下擊破化來拳，隨之右彈腿猛踢其襠部，
左拳回護體前（圖 2-1-34、35）。

要點：蓋拳下擊準確，轉腰屈肘發力，彈腿快速有
力，力達腳尖，支撐腿扣趾抓地。

(9)彈拳

①雙方對峙，對手突然用左外擺腿踢擊我頭部；我快
速應對，進身用左手臂外擋破化來腿，同時右彈拳抖擊其

圖 2-1-34　　　　　　　　圖 2-1-35

面部（圖 2-1-36）。

　　要點：擋臂有力準確，進步攔截及時，蹬地轉腰，送肩彈腕發力，力達右拳背。

　　②雙方對峙，對手突然用右擺拳摜打我頭頸；我快速應對，用左手臂外擋破化來拳，同時右彈拳彈打其面頰（圖 2-1-37）。

圖 2-1-36　　　　　　　　圖 2-1-37

圖 2-1-38
圖 2-1-39

要點：擋臂有力準確，彈拳探肩，抖腕發力。

③雙方對峙，對手突然用右側踹腿攻踢我胸腹；我快速應對，後移步含身用雙手鎖接來腿後拉，接著借對手反向爭拉踹腿之際，我上步以右彈拳補打其面部（圖 2-1-38、39）。

要點：鎖接腿有力，抖腕彈打通順，力達右拳背。

(10)挑拳

①雙方對峙，對手突然進身用右推掌攻擊我胸部；我快速應對，用左手向外挑撥來掌，同時身體左轉以右挑拳、右頂膝同打對手下頜和襠部（圖 2-1-40）。

要點：挑撥掌快速準確，挑拳、頂膝齊動一致，轉腰發力，力達右拳眼和右膝部。

圖 2-1-40

圖 2-1-41

圖 2-1-42

②雙方對峙，對手突然用右邊腿攻踢我腰肋；我快速應對，進身用左手摟抱來腿，接著上右步以右挑拳挑拋對手襠部，將其過背摔倒在地（圖 2-1-41、42）。

要點：摟抱腿準確牢固，挑拳、拋摔蹬地，展身發力，力達右拳眼及前臂處。

③雙方對峙，對手突用右掏拳勾打我下頜；我快速應對，用左掌向下拍壓來拳，同時用右挑拳向上挑擊其肘關節（圖 2-1-43）。

要點：拍壓來拳準確有力，挑拳蹬地，轉腰發力，力達右拳眼及前臂處，雙手上下形成錯力。

(11)砸拳

①雙方對峙，對手突然用雙推掌攻打我胸部；我快速

圖 2-1-43

圖 2-1-44

圖 2-1-45

應對，上體內含，用右手回扣來手，接著右轉身以左砸拳
向下砸擊對手肘關節處（圖 2-1-44、45）。

　　要點：扣手牢固，砸拳轉腰，沉肩發力，力達左拳背
及前臂處。

　　②雙方對峙，對手突然用轉身左後蹬腿攻踢我腹部；
我快速應對，用左砸拳向下砸擊破化來腿，同時右拳回護
體前（圖 2-1-46）。

　　要點：砸拳準確，
沉身墜肘發力，力達左
拳背及前臂處。

　　③雙方對峙，對
手突然用右沖拳擊打我
面部；我快速應對，用
十字手上架破化來拳，
隨其抽拳之際，我快速
進步以右砸拳砸擊對手

圖 2-1-46

圖 2-1-47

圖 2-1-48

肩部（圖 2-1-47、48）。

　　要點：十字手發力斜向上方，架拳準確，砸拳進步一致，沉身墜肘發力，力達拳背。

　　(12)撩拳

　　①雙方對峙，對手突然用右劈拳攻打我頭部；我快速應變，用左手臂上架破化來拳，同時右撩拳向上撩打對手下頜要害（圖 2-1-49）。

圖 2-1-49

要點：架拳準確，撩拳蹬地，轉腰甩臂發力，力達右拳輪，雙手架撩一致。

②雙方對峙，對手突然用右鞭拳抽打我胸部；我快速應對，移步貼近對手身後，用右手壓扣來拳，同時左撩拳撩打挫擊其手臂及胸部（圖2-1-50）。

要點：扣壓拳準確有力，撩拳轉腰，伸臂發力，雙手協調一致。

③雙方對峙，對手突然用左擺拳攻打我頭部；我快速應對，用左臂屈肘向裏格擋破化來拳，接著右腳向右後撤步，以左撩拳連打其襠部，右拳回護體前（圖2-1-51、52）。

要點：格擋有力，接位準確，撩拳甩臂，轉腰發力，力達左拳輪。

圖2-1-50

圖2-1-51

圖2-1-52

2.雙拳絕打法

(1)沖拳

① 雙方對峙,對手突然用雙手抓拉我雙肩欲以膝撞我;我快速用雙掌上托其雙肘破化,隨之進步用雙沖拳狠擊對手胸部(圖2-1-53、54)。

要點:托掌準確快捷,翻腕擰拳沖打與進步協調一致,力達觸點,意氣力相合。

② 雙方對峙,對手欲用右撞膝攻擊我;我快速用右掌向下拍阻破化來膝,接著右轉身雙側沖拳狠打對手胸腹部(圖2-1-55、56)。

要點:拍掌沉身發力,蹬地轉身與沖拳協調一致,力達觸點,意氣力相合。

③ 雙方對峙,對手突然用左鞭腿踢向我肋部;我快速用右手向外勾掛破化,隨之進步雙側沖拳狠擊對手面門、腹部等要害(圖2-1-57、58)。

圖2-1-53

圖2-1-54

武術實用技法精粹

圖 2-1-55

圖 2-1-56

圖 2-1-57

圖 2-1-58

　　要點：勾掛準確、牢固，進步轉腰發拳，手腳動作協調一致，力達觸點，意氣力相合。

　　(2)劈拳

　　①雙方對峙，我以右彈腿搶攻對手襠部，隨之落腳進步以雙劈拳向下砸擊其雙肩部要害（圖 2-1-59、60）。

　　要點：彈腿快捷、準確，劈拳連貫有力，上下擊打點

圖 2-1-59

圖 2-1-60

位變化明顯，力達觸點，意氣力相合。

②雙方對峙，對手突然用左高鞭腿搶攻我頭部；我快速應變，用雙臂向外磕擋破化來腿，接著上左步身體左轉，以雙斜下劈拳狠擊對手頭頸要害（圖2-1-61、62）。

要點：雙臂磕擋準確、連貫，一氣呵成，蹬地轉腰發力，力達觸點，意氣力相合。

圖 2-1-61

圖 2-1-62

③雙方對峙，對手突然潛身欲用抱腿摔搶攻我；我快速向後撤步，用雙手下劈拳狠擊對手頭頸要害（圖2-1-63）。

要點：轉腰甩臂發力，力達觸點，準確快速，意氣力相合。

(3)摜拳

①雙方對峙，對手突然用左蹬腿踢向我腹部；我快速應變，用右手向下拍擊破化來招，接著上步，以雙摜拳狠擊對手頭部（圖2-1-64、65）。

要點：拍掌及時有力，進步、摜拳連貫快速，含胸合臂發力，力達觸點，意氣力相合。

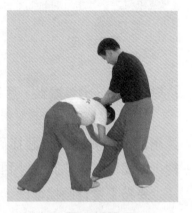

圖2-1-63

圖2-1-64

圖2-1-65

圖 2-1-66

圖 2-1-67

②雙方對峙，對手突然以雙推掌攻擊我胸部；我快速後移，同時雙手由上向下撥化來招，接著快出雙撢拳撢打對手太陽穴要害（圖2-1-66、67）。

要點：隨力順化，重心移動快速，拳打兇狠，力達觸點，意氣力相合。

圖 2-1-68

③雙方對峙，對手突然轉身用左鞭拳抽打我頭部；我快速應變，潛身閃化，同時雙手撢拳合打對手腹背要害（圖2-1-68）。

要點：潛閃及時，快速準確，含胸合臂發力，力達觸點，意氣力相合。

(4)掏拳

①雙方對峙，對手突然以雙砍掌攻打我頭頸；我快速

圖 2-1-69　　　　　　　　　　圖 2-1-70

應對，雙臂外掛磕擋來招，接著進步用雙掏拳向上錯打對
手下頜、胸部（圖 2-1-69、70）。

　　要點：外掛磕擋有力、準確，掏拳、進步相合一致，
蹬地拋臂發力，力達觸點，意氣力相合。

　　②雙方對峙，對手突然用手臂鎖纏控制我頭頸；我快
速應變，雙手掏拳狠擊對手雙側軟肋（圖 2-1-71）。

　　要點：沉身發力，掏打可
一次或多次運用，合臂發力，
力達觸點，意氣力相合。

　　③雙方對峙，對手突然
以右撞膝攻擊我腹部；我快速
應變，用右手下拍阻擊破化來
招，接著進步以雙手掏拳向上
勾擊對手下頜（圖 2-1-72、
73）。

　　要點：拍阻有力、準確，

42

圖 2-1-71

武術實用技法精粹

圖 2-1-72

圖 2-1-73

雙掏拳同打一致，力達觸點，意氣力相合。

(5) 掃拳

① 雙方對峙，對手突然以左直拳搶打我面門；我快速應變，身體左轉閃避來拳，左腳插於右腳後，同時雙拳向右後掃擊對手腹部（圖 2-1-74）。

要點：掃拳快速，潛身及時，意氣力相合。

② 雙方對峙，對手突然以左擺拳橫打我頭部；我快速應變，側上右步閃避來拳，同時雙拳橫擊對手背部，左腳勾踢其前支撐腿，使之跌倒在地（圖 2-1-75）。

要點：潛閃、進步快速，勾踢、掃拳協調一致。

圖 2-1-74

圖2-1-75

圖2-1-76

③雙方對峙，對手突然從背後襲擊抓扯我肩部；我快速應變，向後回轉身，以雙拳向下橫掃對手頭頸要害（圖2-1-76、77）。

要點：順勢回身快速，蹬地轉腰，甩臂發力，意氣力相合。

(6) 彈拳

圖2-1-77

①雙方對峙，對手突然從背後偷襲用手臂鎖控我頭部，同時右腳跟踩我右腿後膝窩；我快速以雙手後彈拳猛打其面門（圖2-1-78）。

要點：順勢後仰身彈拳，甩臂彈腕發力，意氣力相合。

②雙方對峙，對手突然以右高鞭腿攻踢我頭部；我快上右步錯閃來腿，同時雙手彈拳抖打對手襠部（圖2-1-

<table>
<tr><td>圖 2-1-78</td><td>圖 2-1-79</td></tr>
</table>

79）。

要點：移步快穩，彈拳準確，抖臂活腕發力。

③雙方對峙，對手突然用雙沖拳攻打我胸部；我快速應變，身體重心後移，用雙拳向下砸截破化來招，接著進步，以雙手彈拳抖打對手雙眼要害（圖2-1-80、81）。

要點：砸截準確，移身敏捷，探肩翻肘，抖腕發力。

圖 2-1-80   圖 2-1-81

（二）掌技搏殺法

掌技搏殺法有雙掌搏殺法和單掌搏殺法兩種，都是奇特的實戰技法。因其攻擊勁力雄厚，技法刁鑽，破化困難，故而在對搏制敵時屢建奇功，被武林人士視為精品絕技。

1. 雙掌技

（1）架拳劈掌

雙方交手，對手突然以右下劈拳猛打我頭面；我急速用雙手上架掌破解來招，隨之移步進身變雙劈掌猛力劈擊對手頭面、心腹要害（圖2-2-1、2）。

要點：架拳準確有力，移步進身時要做到以步催身、以身催手，雙手由上至下立劈而出，力達雙掌，意氣力相合。劈掌要在對手回身之際突然發出，同時手臂內含旋擰之勁，做到「守必固，攻必克」。

圖2-2-1

圖2-2-2

圖 2-2-3　　　　　　　　　圖 2-2-4

(2) 拍腿劈掌

雙方交手，對手突然用轉身右蹬腿狠踢我心窩；我急速用左掌下拍破解來招，隨之上右步變雙劈掌狠劈對手後腦、命門要害（圖 2-2-3、4）。

要點：拍擊腿短促有力，上步、雙劈掌協調一致，雙掌由上至下立劈，沉身抖臂發力，力達雙掌，意氣力相合。運用此招時貴在神速，應巧借對手回腿之時出招，達到由守變攻，一招制敵之妙境。

(3) 雙掌劈頸

雙方交手，對手突然進步潛身抱我左腿欲施摔技；我急速下沉身體，左轉腰出雙手合劈掌，狠力劈擊對手後頸要害（圖 2-2-5）。

要點：應變快速，借招發

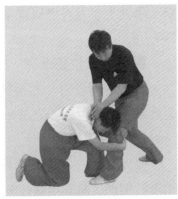

圖 2-2-5

47

招，雙掌由上而下，蹬地轉腰向斜下方發力，力達雙掌外沿，意氣力相合。運用此招時要以攻代守，達到後發先至的效果。

圖 2-2-6

(4)上步推掌

雙方交手，對手突然用右橫邊腿猛踢我側肋；我急速上右步閃避來腿，同時以上下雙推掌狠力推擊對手胸腹部，令其倒地（圖 2-2-6）。

要點：上步、推掌協調一致，快速準確，蹬地轉腰發力，力達雙掌根，意氣力相合。在運用此招時要做到「靜觀恰如處女，動攻勝似脫兔」。

(5)拉腿推胸

雙方交手，對手突然用右蹬腿狠踢我腹部；我急速用雙手向後下方拉抱來腿破化，接著借對手反抗回拉腿之勢，急速上步進身變雙推掌狠推其胸部，令其倒地（圖 2-2-7、8）。

要點：抱拉腿準確，力走下弧，進身雙推掌連貫兇猛，蹬地送肩發力，力達雙掌根，意氣力相合。此動作屬避實擊虛、以強擊弱之法。

(6)雙掌推胸

雙方交手，我突然進身以左腳踏踩對手中門，以雙掌搶攻其胸部，將其推跌在地（圖 2-2-9、10）。

要點：發招突然，手腳一致，蹬地拱背，送肩發力，

圖 2-2-7

圖 2-2-8

圖 2-2-9

圖 2-2-10

力達雙掌，意氣力相合。運用此招時要求以凸顯「先下手為強」的制敵奇效。

(7) 刁手推掌

雙方交手，對手突然用右直拳攻打我面部；我快速應變，用右刁手向外破化來拳，接著上左步，以上下雙推掌狠擊對手頭、腹要害（圖 2-2-11、12）。

圖 2-2-11　　　　　　圖 2-2-12

要點：刁手準確有力，雙推掌、上步快速一致，蹬地轉腰發力，意氣力相合。運用此招時應隨機應變，變不利為有利。

(8)踩腳砍頸

雙方交手，我突然進身用雙砍掌橫擊對手頭頸兩側，同時左腳下踩其前腳腳面，以避免對手逃脫（圖 2-2-13）。

要點：砍掌快速準確，合臂含胸發力，力達掌外沿，肘微屈，意氣力相合。運用此招時下踩腳、上砍掌協調一致，從而達到「正合奇勝」。

(9)砍頸蹬腹

雙方交手，我快動搶攻，突然用右蹬腿蹬踢對手襠腹，同時雙掌橫向砍擊其頭頸動脈

圖 2-2-13

處（圖 2-2-14）。

要點：蹬腿、砍掌協調一致，含胸合臂發力，直膝勾腳尖蹬腿，力達雙掌外沿及腳跟，意氣力相合。運用此招時要出其不意，攻其不備，一招制勝。

(10) 勾踢砍背

雙方交手，對手突然用右擺拳攻打我頭部；我急速側上左步，下潛上身避化來招，隨之以右勾腿狠踢對手前支撐腿，同時雙手橫向砍擊其背部，使之倒地（圖 2-2-15、16）。

圖 2-2-14

要點：移步、下閃及時準確，雙砍掌與勾踢腿上下協調一致，力發腰間，力達腳勾及砍掌外沿，意氣力相合。運用此招時要體現出「避實擊虛」的精妙。

圖 2-2-15

圖 2-2-16

圖 2-2-17

圖 2-2-18

(11)擋臂砍肋

雙方交手，對手突然用雙沖拳攻打我上體；我急速用雙手臂前伸向外撐擋破化來拳，隨之雙臂外纏，向前移步沉身，以雙砍掌狠擊對手左右兩肋要害（圖 2-2-17、18）。

要點：撐擋準確有力，合臂沉身發力，力達掌外沿，意氣力相合。運用此招時應體現出奇招取勝的效果。

(12)截腿砍頸

雙方交手，對手突然用右高邊腿猛踢我頭部；我急速用雙手外拍阻截來腿，隨即側進右步，出雙橫砍掌猛擊對手頭頸要害（圖 2-2-19、20）。

要點：截腿準確快速，轉腰出招，側移步、雙砍掌手腳一致，意氣力相合。此招的制勝效果是變守為攻，出奇制勝。

(13)穿掌戳眼

雙方交手，我搶先上步用雙穿掌攻擊對手雙眼要害（圖 2-2-21）。

圖 2-2-19

圖 2-2-20

圖 2-2-21

圖 2-2-22

要點：搶攻神速，準確有力，上步、出掌一致，蹬地探肩，抖臂發力，力達指尖，意氣力相合。

(14) 穿掌擊喉

雙方交手，對手突然用右直拳攻打我頭部；我急速上左步，潛身以雙掌合疊穿擊對手咽喉要害（圖2-2-22）。

要點：出掌準確，蹬地轉腰，探臂發力，力達雙指尖，意氣力相合。運用此招時要做到迎擊時機恰當，以達

53

圖 2-2-23　　　　　　　　圖 2-2-24

到「制人而不制於人」的境界。

(15)壓拳抽面

　　雙方交手，對手突然用右勾拳攻打我心窩；我急速用右手臂向下拍壓來拳，隨之以雙抽掌由內向外交叉抽打對手面部（圖 2-2-23、24）。

　　要點：壓拳及時，雙手抽掌協調，開胸展臂發力，力達掌心，意氣力相合。
運用此招時若能一招制敵，則為最佳妙境。

(16)潛身抽肋

　　雙方交手，對手突然以右直拳攻打我面門；我急速下潛閃避來拳，同時雙抽掌由外向內狠擊對手左右腰肋（圖 2-2-25）。

圖 2-2-25

要點：潛身及時，抽掌有力，開胸展臂發力，力達雙掌背，意氣力相合。

(17)截拳摔面

雙方交手，對手突然用雙沖拳攻打我胸部；我向後移步，急速用雙臂屈肘下截破化來招，隨之進步以雙摔掌反掌擊打對手面部（圖 2-2-26、27）。

要點：移步靈活，截拳準確，摔掌反肘而出，力達掌背，意氣力相合。運用此招時要做到善守善攻，令對手防不勝防，不知所措。

(18)攔膝摔掌

雙方交手，對手突然用右頂膝猛攻我腹部；我急速用雙手交叉向下攔截破化來招，隨即進身移步，以雙摔掌外旋由上而下狠打對手面、胸要害（圖 2-2-28、29）。

要點：防膝及時有力，進步、摔掌齊動，外旋臂、含胸發力，力達掌背，意氣力相合。運用此招時要快疾如風，令對手無力還擊。

圖 2-2-26

圖 2-2-27

圖 2-2-28

圖 2-2-29

(19)雙掌切腿

雙方交手，對手突然用左邊腿猛踢我腰肋；我急速下蹲身體，進步側身，以雙切掌向斜下方迎擊來腿，破化其進攻（圖2-2-30）。

圖 2-2-30

要點：沉身轉腰切掌，力達掌外沿，迎擊準確，意氣力相合。運用此招時雙掌應分別迎切對手的小腿和膝部，以達到一招破敵的效果。

(20)截拳切打

雙方交手，對手突然以右直拳攻打我胸部；我急速用雙肘臂夾截來拳破化，隨即上右步，以雙橫切掌猛擊對手咽喉要害（圖2-2-31、32）。

武術實用技法精粹

圖 2-2-31　　　　　　　圖 2-2-32

要點：截拳準確有力，切掌雙肘彎曲，力由腰發，力達掌外沿，意氣力相合。運用此招時要上右步鎖控住對手下盤，使之無法逃脫。

(21) 雙掌托腿

雙方交手，對手突然用右高位側踹腿攻踢我面部；我急速出雙掌向上托撩破化來腿，同時移步跟進，使對手支撐腳拔跟而倒跌在地（圖 2-2-33）。

要點：托撩掌相合齊動，準確有力，蹬地展身發力，力達掌心，意氣力相合。運用此招時應向對手的斜上方發力。

(22) 雙掌托襠

雙方交手，對手突然轉身右旋擺腿攻踢我頭部；我急速上步進身，用

圖 2-2-33

雙托掌托撩對手襠部要害，令其倒地（圖2-2-34）。

要點：蹬地轉腰，甩臂發力，力達雙掌，意氣力相合。發招時應巧借對手擺腿之際，快上步至其背後右方。

(23)脫手彈眼

雙方交手，對手突然進身用雙手抓控我雙手腕欲發膝技；我急速上提雙手腕內旋解脫，隨之上步以雙彈掌狠擊對手雙眼要害（圖2-2-35、36）。

要點：旋腕、彈掌連貫快速，送肩抖臂，活腕發力，力達雙掌指梢，意氣力相合。運用此招時應脫手短促，彈掌時要前移身體重心。

(24)劈肩彈面

雙方交手，我突然進身用雙劈掌狠打對手雙肩，隨之回收，以彈掌補擊其面門要害

圖2-2-34

圖2-2-35

圖2-2-36

（圖 2-2-37、38）。

　　要點：出招果斷兇狠，沉身屈肘發力，力達掌外沿，彈掌探肩，直肘活腕，力達指梢，意氣力相合。

　　(25)破腿拍面

　　雙方交手，對手突然右彈腿攻踢我襠部；我急速用雙掌下拍破化來招，隨之進步，以雙拍掌狠擊對手面部（圖 2-2-39、40）。

圖 2-2-37

圖 2-2-38

圖 2-2-39

圖 2-2-40

圖 2-2-41

圖 2-2-42

要點：防守準確有力，拍掌快速，蹬地探臂發力，力達雙掌。此技法中的連招擊打效果如「不竭江河，無窮天地，勢不可擋」。

(26)拍膝扇頭

雙方交手，對手突然進身用撞膝攻擊我心腹；我急速用雙拍掌向下拍擊破化來膝，隨之翻腕探臂扇打對手左、右耳門要害（圖 2-2-41、42）。

要點：拍膝準確有力，翻掌、扇打快速連貫，擰腰合臂發力，力達掌背，意氣力相合。

2.單掌技

(1)劈掌

①雙方交手，對手突然以左頂膝攻擊我腹部；我快速應變，用左掌向下拍阻來膝，同時用右劈掌猛擊對手面門（圖 2-2-43）。

要點：拍膝準確有力，劈掌直臂揮擊，轉腰探肩發

圖 2-2-43　　　　　　　　圖 2-2-44

力，力達掌外沿，意氣力同合。

②雙方交手，對手突然以右邊腿猛踢我腰肋；我快速應變，上左步，用左掌抱摟來腿膝窩，同時以右斜劈掌狠擊其脖頸（圖 2-2-44）。

要點：抱腿、上步一致，快速準確，以破壞對手邊腿的正常發力點，斜劈掌轉腰蹬地，揮臂鬆肩發力，力達掌外沿，意氣力同合。

(2)砍掌

①雙方交手，對手突然以左直拳攻打我面門；我快速應變，用右手拍扣來拳腕部，同時以左砍掌橫擊對手背部（圖 2-2-45）。

要點：拍扣準確有力，砍掌從右向左，力發腰間，意氣力同合。

圖 2-2-45

圖 2-2-46

圖 2-2-47

②雙方交手，對手突然轉身以右旋擺腿攻踢我頭部；我快速應變，左腳向後撤蹲成歇步以閃避來腿，同時以右砍掌橫擊其支撐腿膝窩（圖 2-2-46）。

要點：閃蹲快速及時，砍掌直臂揮擊，力達掌外沿，左掌回護頭側，意氣力同合。

(3)穿掌

①雙方交手，對手突然以右直拳攻打我面部；我快速應變，用左掌上架來拳，同時出右穿掌直戳其咽喉（圖 2-2-47）。

要點：上架掌及時準確，穿掌轉腰，直肘發力，力達掌尖，雙手架穿協調一致，意氣力同合。

②雙方交手，對手突然以左直拳攻打我胸部；我快速應變，用左手向下拍按破化來拳，同時以右穿掌戳擊其眼部（圖 2-2-48）。

要點：拍按掌準確有力，穿掌直肘，轉腰發力，力達掌尖，雙手協調一致，意氣力同合。

圖 2-2-48

圖 2-2-49

(4)拍掌

①雙方交手，我突然進身用右拍掌向下拍打對手面門要害，左掌回護體前（圖 2-2-49）。

要點：拍掌果斷快速，蹬地轉腰，送肩抖臂發力，力達掌心，意氣力同合。

②雙方交手，對手突然以右蹬腿攻踢我心窩；我快速應

圖 2-2-50

變，用左手向右外拍阻破化來腿，同時以右拍掌狠擊其面部，造成重創（圖 2-2-50）。

要點：拍腿準確有力，轉腰探臂發力，力達掌心，雙手一致，意氣力同合。

(5)挑掌

①雙方交手，對手突然以右擺拳攻打我頭部；我快速

圖 2-2-51

圖 2-2-52

應變，用左手臂外擋，接著上右步，左手抓拉對手右手腕，同時出右挑掌挑擊對手襠部，隨即使用過肩摔將其摔跌在地（圖 2-2-51、52）。

要點：雙手接位準確有力，左手回拉，右手上挑，蹬地立腰發力，意氣力同合。

②雙方交手，對手突然以左直拳擊打我頭部；我快速應變，用右挑掌挑破來拳，同時出右彈腿狠踢其襠部（圖 2-2-53）。

要點：挑掌、彈腿上下一致，挑掌快速準確，彈腿力達腳尖，意氣力同合。

（6）掛掌

①雙方交手，對手突然用雙推掌猛攻我胸部；我快速應變，後移身體重心，出雙掛掌

圖 2-2-53

圖 2-2-54　　　　　　　　　圖 2-2-55

向後破化來拳，接著雙掌摟抱對手頭頸，以右撞膝攻擊其心窩（圖 2-2-54、55）。

　　要點：雙掛掌時要邊掛邊向外抻，抱摟脖頸和撞膝協調一致，形成合力，含身發力，力達膝部，意氣力同合。

　　②雙方交手，對手用左右直拳攻打我頭部；我快速應變，用右左連環掛掌破化來拳（圖 2-2-56）。

　　要點：掛掌由前向後屈肘回掛，接位準確，快速連貫，轉腰沉身發力，力達雙掌，意氣力同合。

(7) 彈掌

　　①雙方交手，對手突然以左擺拳攻打我頭部；我快速應變側上右步，上體潛

圖 2-2-56

圖 2-2-57　　　　　　　　　圖 2-2-58

閃，同時以左彈掌抖擊其襠部，右掌回護體前（圖 2-2-57）。

　　要點：閃進及時，彈掌準確，轉腰抖臂發力，力達掌背，意氣力同合。

　　②雙方交手，對手突然從背後用雙手鎖控我脖頸，同時以右踩腳蹬踢我右膝窩；我快速應變，後仰身，以右反彈掌抖打其面門（圖 2-2-58）。

　　要點：仰身、彈掌快速一致，左掌回護體前，彈掌力達掌心，意氣力同合。

　　(8)插掌

　　①雙方交手，對手突然轉身以右鞭拳攻打我頭部；我快速應變，用左掌外拍破化來拳，同時出右插掌插擊對手腋下（圖 2-2-59）。

　　要點：拍掌及時準確，插掌轉腰發力，力達掌尖，意氣力同合。

　　②雙方交手，對手突然以右勾拳抄打我心窩；我快速

圖 2-2-59　　　　　　　　圖 2-2-60

應變，用左掌拍按破化來拳，同時以右插掌插擊其咽喉
（圖 2-2-60）。

　　要點：接位準確有力，轉腰送肩，直腕發力，力達指
尖，意氣力同合。

　　(9)**摟掌**

　　①雙方交手，對手突然以右直拳攻打我頭部；我快速
應變，用右摟掌抓拉來拳，同時
以右勾踢腿勾擊其前腿，使對手
倒地，左手回護體前（圖 2-2-
61）。

　　要點：摟手準確有力，勾踢
快猛，轉腰發力，手腳協調一
致，意氣力同合。

　　②雙方交手，對手突然以
右側踹腿攻踢我胸部；我快速應
變，用左手摟抓回拉來腿腳腕，

圖 2-2-61

同時身體右轉 180°以右低踹腿狠踢對手支撐腿，令其倒跌在地（圖 2-2-62）。

要點：摟手接位準確有力，轉腰展胯發力，力達觸點，意氣力同合。

(10)切掌

① 雙方交手，對手突然用雙掌摜打我左右耳門；我快速應變，用雙臂屈肘外擋，接著

圖 2-2-62

進步，以雙切掌切擊其胸部，使其倒跌在地（圖 2-2-63、64）。

要點：擋臂準確有力，內旋手臂切掌，手腳協調一致，整體發力，力達雙掌，意氣力同合。

② 雙方交手，對手突然用左直拳打擊我胸部；我快速應變；用左手刁抓旋擰來拳腕部，同時左腿橫踩其前腿膝

圖 2-2-63

圖 2-2-64

關節，出右切掌推擊其咽喉要害（圖2-2-65）。

要點：抓腕有力準確，切掌、踩腿一致，發力快脆，力達腳底及掌外沿，意氣力同合。

③雙方交手，對手突然以右勾拳攻打我下頜；我快速應變；用左手向下拍按來拳，同時出右掌向上托抬其肘部（圖2-2-66）。

要點：向下拍按與向上托抬要協同一致，拍按破化勾拳準確有力，意氣力同合。

(11)推掌

①雙方交手，對手突然用右抹面掌攻打我面部；我快速應變，用左手架阻破化來掌，同時上右步，以右推掌狠擊其胸部（圖2-2-67）。

要點：架推掌、右上步相

圖 2-2-65

圖 2-2-66

圖 2-2-67

二、手打技法

69

合為一，轉腰蹬地發力，力達掌根，意氣力同合。

②雙方交手，對手突然用左邊腿攻踢我腰部；我快速應變，用右手向外撥攔破化，同時上右步，以左推掌推擊其胸部（圖2-2-68）。

要點：撥攔掌準確有力，上步、推掌一致快速，轉腰發力，力達掌根，意氣力同合。

(12)摔掌

①雙方交手，對手突然以右直拳攻打我心窩；我快速應變，用左掌下拍破化來拳，同時出右摔掌摔打其面門（圖2-2-69）。

要點：雙手拍摔一致，摔掌時肘關節向外翻打，力達掌背，抖臂發力，意氣力同合。

②雙方交手，對手突然以左側踹腿攻踢我胸部；我快速應變，用左手掛抄破化來腿，同時撤右步右轉身180°，以右摔掌摔打其面部（圖2-2-70）。

要點：掛抄來腿準確敏捷，轉身摔掌一氣呵成，甩臂

圖2-2-68

圖2-2-69

圖 2-2-70

圖 2-2-71

活肘發力，意氣力同合。

(13) 抽掌

① 雙方交手，對手突然以右直拳擊打我頭部；我快速應變，用右抽掌橫擊破化來拳，同時左手回護體前（圖 2-2-71）。

要點：抽掌準確有力，出掌由左向右抽打，轉腰甩臂發力，力達掌背，意氣力同合。

圖 2-2-72

② 雙方交手，對手突然用右高位邊腿攻踢我面部；我快速應變，用雙手下拍破化來腿，接著以右抽掌抽打對手面部，同時左掌回護體前（圖 2-2-72、73）。

要點：拍擊及時準確，抽掌快速有力，力達掌背，意氣力同合。

圖 2-2-73

圖 2-2-74

(14)撩掌

① 雙方交手，對手突然用右直拳攻打我頭部；我快速應變，用左掌下扣來拳腕部，同時出右撩掌向上撩托其肘部（圖 2-2-74）。

要點：接位準確有力，雙手協調一致，上下錯力快猛，意氣力同合。

圖 2-2-75

② 雙方交手，對手突然從背後雙手摟抱我腰部，欲施摔技；我快速應對，用左撩掌向後撩抓其襠部，同時右手扣抱對手手臂使其受制（圖 2-2-75）。

要點：出掌快捷，沉身轉腰發力，力達左掌，意氣力同合。

(三) 勾技制敵法

勾技制敵法是武術實戰中一種詭異的技法，其手型就是將五指第一指節相併捏攏在一起，並有屈腕和直腕之分。勾手在實戰時其著力點通常分佈在勾尖、勾頂、勾腕和勾指等部位，並要求呼氣出招，動作兇猛，勁力逼透，意念與氣息相合。

勾手因面積小、勾尖滲透力強，以及腕關節的靈活性好等優點，使之變化異常巧妙，威力十足，不易被對手防住，因此在實戰中常常可以得手制人，屢建奇功。

1. 抓臂頂襠

雙方對戰，對手突然以左直拳攻打我面部；我急速用右臂屈肘向外掛格對方來拳，隨之右手向外翻腕勾抓其手腕，並向右下方拉拽，同時上右步以左勾手頂擊其襠部（圖 2-3-1）。

要點：防守準確及時，抓腕、頂勾、上步協調一致，力達勾頂。

技擊點撥：此招為借招打招之妙法，運用時要做到意在他先，眼明膽大，雙手一拉一頂形成爭力，使對手難以逃脫。襠為人體要害部位，擊中必成重傷。

圖 2-3-1

圖 2-3-2　　　　　　　　　　圖 2-3-3

2.壓臂抖眼

　　雙方對戰，對手移步進身突然用右勾拳攻打我心腹；我急速用左手臂屈肘下壓來拳，隨即以右勾手橫抖彈擊對手雙眼及眉心（圖2-3-2、3）。

　　要點：防守準確及時，壓臂、彈擊勾手一氣呵成，力達勾頂。

　　技擊點撥：壓臂時要沉肩墜肘，含胸拔背，屈膝沉胯，周身形成整勁；抖勾橫擊時需蹬地轉腰，發力快脆。古拳譜中稱雙眼為人之日月，若遭重擊，其戰鬥力必頓失，並且雙眼之處緊連眉心和鼻部要害，重擊必有奇效。

3.刁手啄頭

　　雙方對戰，對手突然使用左標指戳擊我咽喉要害處；我急速用左掌向外擋攔，隨之翻手腕扣抓來掌，同時左腳向前上步，以右勾手由上向下啄擊對手頭側太陽穴（圖2-

圖 2-3-4　　　　　　　　圖 2-3-5

3-4、5）。

　　要點：抓腕、上步、啄擊緊密相連，不可脫節，力達勾尖，發力快猛，意氣力相合。

　　技擊點撥：做此動作時要體現出左閃身的動作，應從對手偏門疾進，啄勾手之力由蹬地轉腰、抖腕而發。太陽穴是人體之要穴，使用此招要慎之又慎。

4.分掌勾耳

　　雙方對戰，對手突然以雙推掌進攻我胸部；我急速用雙臂屈肘由內向外分掌撥化來招，隨之雙手變勾向前同時擊打對手左右耳門穴（圖 2-3-6、7）。

　　要點：分掌、勾打動作快速連貫，呼氣發力，力達勾尖，意念兇狠。

　　技擊點撥：雙掌分化時要含胸，身體重心稍向後移，將對手推擊力破減，並順勢前移身體重心，前腳踩地，後腳蹬地，將力貫於腰背，達於手指，這時威力便會凸顯。

圖 2-3-6

圖 2-3-7

耳門穴要害若遭遇重傷可損壞聽力，致人傷殘。

5. 抓臂拉摔

雙方對戰，對手突然進身用抱腿摔進攻我；我左腳急速後撤閃步，同時雙手變勾分掛對手雙臂，然後抓握其肘關節處向左側拉擰，將其摔倒（圖 2-3-8、9）。

圖 2-3-8

圖 2-3-9

圖 2-3-10

圖 2-3-11

要點：撤步、抓臂準確及時，拉摔、蹬地轉腰一致。

技擊點撥：拉摔時的左手下拉應與右手推擰二力合一，勁走一個斜下弧形，使對手失衡倒地，倒地後可用砸勾、啄勾等招法連續進攻。

6.脫肩抓襠

雙方對戰，對手突然從我身後進步用雙手摟抱我上體欲施摔技；我有感而動急速下沉身體，雙肩向上聳起脫肩，隨之用右勾手向後反勾抓其襠部（圖 2-3-10、11）。

要點：脫肩、勾抓襠快速連貫，力達勾尖。

技擊點撥：脫肩為了化解對手施摔之力，勾抓擊襠時可抓捏或抓揪，應隨機而動，不可拘泥。

7.架勾踩膝

雙方對戰，對手突然進身用右劈拳由上向下劈砸我面門；我急速用雙勾手向上架攔來拳，左勾在下、右勾在上

圖 2-3-12　　　　　　　　　圖 2-3-13

順勢翻擰手花抓控對手右臂，同時出右腳橫踩對手左膝（圖2-3-12、13）。

　　要點：架勾手臂捧圓，抓控手和橫踩腳上下一致，意到、力到、氣到，發力快猛，力達腳底。

　　技擊點撥：雙勾翻擰手花與身體右擰一致，抓控雙手與橫踩腳形成前後爭力，使對手不能逃脫，踩腳萬一落空時，可順勢向前變雙推手發放對手，做到一招變三招，此招之所以傷及對手的肘、膝，都是運用了反關節原理，得手必致重傷。

8. 勾踢啄頭

　　雙方對戰，對手突然以左蹬腿猛踢我心窩；我急速用左手向外橫撥來腿，隨之移步進身使用右勾腿踢擊對手右支撐腳，同時右手變勾，啄其後腦（圖2-3-14、15）。

　　要點：防守動作準確，勾啄、勾踢協調一致，發力快猛，力達勾尖和腳勾。

圖 2-3-14　　　　　　　圖 2-3-15

技擊點撥：此招是閃開中門走偏門，在移動中打擊對手，使其不知所措，屢屢得手。後腦是人體的要害，重啄必有奇效。

9. 掛腿擊喉

雙方對戰，對手突然用右橫邊腿猛踢我側肋；我急速進步用左勾手向外勾掛來腿，同時用右勾手橫彈抖擊對手咽喉處（圖 2-3-16）。

要點：左掛勾手和右橫彈勾手協調一致，快速有力，力達勾頂。

技擊點撥：此招為借招打招之技法，運用時一定要進

圖 2-3-16

身迎打，如此一則可增加自
身打擊力，二則可破壞對手
有效距離的腿攻，同時蹬地
轉腰發力，橫彈勾手。

圖 2-3-17

10. 撥拳擊腋

雙方對戰，對手突然以
右沖拳猛打我面門；我急速
左轉身，以左手橫撥來拳手
腕處，同時用右勾手由外向
內橫擊對手腋下（圖 2-3-17）。

要點：防守進攻合二為一，接點準確，短促有力，力
達勾頂，意念兇狠，呼氣發力。

技擊點撥：撥拳、擊腋同向發力，向左閃身轉腰力藏
其中。若是移步發招，則可用右腳向下踩踏對手左腳面，
這樣打擊效果會更佳。

11. 擋勾抓眼

雙方對戰，對手突然用中位右側踹腿猛踢我心窩；我
急速向左轉身閃避，同時用右勾手向外攔擋來腿，接著上
右步進身，雙手由上向下猛力點啄對手雙眼（圖 2-3-18、
19）。

要點：擋勾、啄眼一氣呵成，意念兇狠，呼氣發力，
力達勾尖。

技擊點撥：此招為化打之法，轉身擋化準確，肌肉收
縮用力，啄點雙眼之力由蹬地轉腰、抖臂而出。眼部受擊

<table>
<tr><td>圖 2-3-18</td><td>圖 2-3-19</td></tr>
</table>

後危害重大，使用此招時要慎重。

12. 抓腿撞臀

雙方對戰，對手突然轉身用左旋踢腿攻踢我頭部；我急速進身向左轉腰，用雙勾手拍抓其小腿肚，接著上右步，右肩猛撞對手臀部，令其倒地（圖 2-3-20、21）。

<table>
<tr><td>圖 2-3-20</td><td>圖 2-3-21</td></tr>
</table>

要點：拍抓來腿有力準確，上步撞臀力發整勁，呼氣發力，力達右肩，意念兇狠。

技擊點撥：雙手拍抓來腿一定要進身，以此來破壞對手正常的發力點，右腳上步一定要貼靠住對手的右支撐腿，撞臀時要氣貫丹田，扣趾、抖身、勁整、力猛。

（四）爪技實用法

爪技實用法是一種獨特的打鬥法，素以刁鑽實用而蜚聲武林，本文所述的則為虎爪技法。何為虎爪？即以練習者一手為準，五指自然分開，手指第一、第二指節向內屈扣，掌心內含，手腕垂立。

爪技實用法分為推擊、抓拉、捅穿、撩托、摜掃、劈砸和擒鎖爪法 7 大內容。

1. 推擊爪法

（1）雙方對戰，對手突然用右頂膝攻擊我心腹；我快速應變，用右手下拍破化來膝，同時出左爪推擊其面部（圖 2-4-1）。

要點：雙手協調一致，準確有力，蹬地轉腰，送肩發力，力達左爪根。

（2）雙方對戰，對手突然用右鉤拳擊打我心窩；我快速應對，用左手下拍阻化來拳，同時出右爪推擊其下頜（圖2-4-2）。

要點：雙手協調一致，準確有力，蹬地轉腰，送肩發力，力達右爪根。

（3）雙方對戰，對手突然用右橫擺拳摜打我頭部；我

圖 2-4-1

圖 2-4-2

快速應對，潛身下閃避化來拳，同時快出右爪推擊其心腹要害（圖 2-4-3）。

要點：閃潛及時、準確，跪步、推爪一致，轉腰送肩發力，力達右爪根。

（4）雙方對戰，我突然搶攻，兩腳用力蹬地躍身用右推擊爪和左頂膝打擊對手面部及心腹要害（圖 2-4-4）。

圖 2-4-3

圖 2-4-4

要點：搶攻果斷，騰身凌空輕敏，爪、膝擊打一致，準確有力，意氣力相合。

（5）雙方對戰，我突然用右彈掌抖打對手面部，隨之對手向後仰頭閃化，變招進步用雙爪推擊其胸部（圖2-4-5、6）。

要點：彈掌快狠，意在引誘其注意力，雙爪推擊準

圖2-4-5

圖2-4-6

圖 2-4-7

圖 2-4-8

確、合一，蹬地移步快速，力由根起，達於雙爪根。

（6）雙方對戰，我突然用右勾腿向上勾掛對手前腳跟部，同時出左推擊爪狠擊其胸部（圖 2-4-7）。

要點：出招快捷、準確，手腳協調一致，下掛、上推合力而出，對手必倒無疑；轉腰發力，力達腳勾、爪根。

2. 抓拉爪法

（1）雙方對戰，我突然從對手背後襲擊，以左爪向下抓拉其頭髮，同時出左頂膝向上狠撞其後腰要害（圖 2-4-8）。

要點：出招果斷、快速，爪、膝上下發力合一，扣趾抓地，含腹發力，力達爪指、膝部。

（2）雙方對戰，對手突然左直拳攻打我面門；我快速應對，用左爪向外纏抓來拳腕部破化，同時身體左轉，出右勾腿狠踢對手前支撐腳跟部，右爪橫向抓拉其面頰（圖 2-4-9）。

圖 2-4-9　　　　　　　　圖 2-4-10

要點：手、腳協調一致，右勾踢與右橫抓拉形成錯力，轉腰提腿，揮臂扣爪發力，力達爪指及腳勾。

（3）雙方交戰，對手突然用右邊腿猛踢我腰腹；我快動應變，順勢向左轉身，用雙爪向後抓拉來腿，同時上右步別靠對手支撐腿，將其摔倒在地（圖 2-4-10）。

要點：出爪、接腿準確有力，手、腳協調一致，轉腰擺頭髮力。

（4）雙方對戰，對手突然用右直拳擊打我胸部；我快速應變，用右爪抓拉來拳破化，同時出右橫踩腿狠踢其前腿膝部，左爪鎖扣對手咽喉（圖 2-4-11）。

要點：接位準確，手、腳協調一致，踩腿由屈到伸，直膝發力，力達腳底，抓拉和鎖爪轉腰送肩發力，力達爪指。

（5）雙方對戰，對手突然以左蹬腿狠踢我襠部；我快速應變，用右手向外掛撥來腿破化，同時進步出左爪抓拉其襠部（圖 2-4-12）。

圖 2-4-11

圖 2-4-12

要點：掛撥腿準確有力，進步、出爪協調一致，快速
兇猛。

3.捅穿爪法

（1）雙方對戰，對手突然用右直拳打擊我面門；我快
速應變，用左手外拍來拳破化，同時出右爪捅穿其右腋窩
（圖 2-4-13）。

要點：拍拳準確、
有力，捅爪轉腰、送肩
發力，力達爪指，雙手
齊動。

（2）雙方對戰，
對手突然用左翻掌擊打
我面部；我快速應變，
用右手上架破化來掌，
同時出左爪內旋捅穿其

圖 2-4-13

圖 2-4-14

圖 2-4-15

咽喉要害（圖 2-4-14）。

　　要點：上架、捅爪協調一致，接位準確，出招有力，轉腰送肩發力，力達爪指。

　　（3）雙方對戰，對手突然用右直拳擊打我心窩；我快速應變，用左手下拍破化來拳，同時出右爪外旋捅穿其脖頸（圖 2-4-15）。

圖 2-4-16

　　要點：拍手有力，接位及時、準確，雙手齊動協調，送肩發力，力達爪骨節。

　　（4）雙方對戰，我突然進步踩踏對手前腳面，同時雙爪捅穿其雙眼（圖 2-4-16）。

　　要點：出招果斷、快捷，踩腳、捅爪協調一致。

　　（5）雙方對戰，對手突然進身用抱腿摔將我摔倒，隨

圖 2-4-17

圖 2-4-18

即跪步右直拳猛打我面部；我快速應變，用左手外擋來拳，同時出右爪捅穿其眼睛及眉心要害（圖 2-4-17、18）。

要點：倒跌時肌肉收緊，下頜內含，外擋來拳、右爪捅穿準確、有力，雙手協調。

4.撩托爪法

圖 2-4-19

（1）雙方對戰，對手突然進身以右劈掌擊打我頭部；我快速應變，用十字手向上撩托爪破化來招，同時出右蹬腿狠蹬其腹部（圖 2-4-19）。

要點：撩托爪及時、準確，蹬腿直膝，送胯發力，手、腳協調一致，力達腳底及爪心。

（2）雙方對戰，對手突然以右高位裏合腿猛踢我面

圖 2-4-20

圖 2-4-21

部；我快速應變，潛身下閃來腿，同時進步用右爪上撩對手左支撐腿，左手下按其左臀處，將其摔跌在地（圖 2-4-20、21）。

要點：潛身及時，撩爪、按臀形成上下錯力，力達雙手，力發腰間。

（3）雙方對戰，對手突然用右旋擺腿攻踢我上體；我快速進步，用右爪撩托對手右腿後膝窩處，同時出左爪下按其頭部，使其向後跌倒（圖 2-4-22）。

要點：接招進身快捷，撩托、下按有力、準確，力發腰間。

（4）雙方對戰，對手突然進身，用左手抓拉我胸衣欲施拳擊；我快速應變，用左手

圖 2-4-22

圖 2-4-23　　　　　　　　圖 2-4-24

扣控來手，同時身體左轉，用右爪向上撩托其肘關節（圖
2-4-23）。

　　要點：扣手牢固，撩托爪、左轉身一致，雙手上下形
成錯力。

　　（5）雙方對戰，對手突然用左側踹腿攻踢我胸部；我
快速向左轉身，用右爪撩托、左手抱拉鎖控來腿，同時出
右低踹腿反踹其支撐腿膝窩（圖
2-4-24）。

　　要點：避化側踹轉身，左右
手接位準確、有力，踹腿直膝展
胯，力達腳底。

5. 摜掃爪法

　　（1）雙方對戰，我突然進
身，用雙爪橫向摜掃擊打對手雙
耳門要穴（圖 2-4-25）。

圖 2-4-25

91

要點：出招快猛、果斷，雙爪由外向內同時摜打，含胸揮臂發力，力達爪心。

　　（2）雙方對戰，對手突然用左蹬腿猛蹬我胸腹；我快速右轉，左腳向右腳前蓋步，同時出左爪摜掃破化來腿（圖2-4-26）。

圖2-4-26

　　要點：轉身、蓋步、摜掃爪三動合一，右手回護體前。

　　（3）雙方對戰，對手突然用左直拳攻打我頭部；我快速應變，左腳外擰，身體左轉，出右摜掃爪向外破化來拳，同時左爪回收體前，接著上右步頂右肘，補打其胸肋（圖2-4-27、28）。

圖2-4-27

圖2-4-28

要點：攢掃爪準確、有力，力由腰發，手臂屈肘發力，上步、頂肘一致，力達肘尖。

（4）雙方對戰，對手突然用右劈拳擊打我頭部；我快速應變，用左手臂上架破化來拳，同時出右攢掃爪抓打其側肋（圖2-4-29）。

圖2-4-29

要點：架拳及時有力，攢掃爪蹬地、轉腰、沉身發力，力達爪根，雙手齊動協調。

（5）雙方對戰，對手突然轉身用右鞭拳抽打我面門；我快速應變，用雙爪向外攢掃破化來拳，接著上左步出左肩撞擊其後背，將對手撞跌在地（圖2-4-30、31）。

要點：雙爪接位準確、有力，上步、肩撞快速，整體發力。

圖2-4-30

圖2-4-31

圖 2-4-32　　　　　　　　　　圖 2-4-33

6.劈砸爪法

（1）雙方對戰，對手突然用右擺拳攻打我頭部；我快速應變，用左手外擋破化來拳，同時出右劈爪狠砸其面門（圖 2-4-32）。

要點：雙手協調一致，接位準確，外擋有力，劈砸蹬地、轉腰發力，力達爪外沿。

（2）雙方對戰，對手突然用右鉤拳擊打我心窩；我快速應變，用右爪劈砸破化來拳，同時左手回收下頜處（圖 2-4-33）。

要點：接位準確，沉身轉腰發力，力達爪外沿及前臂處。

（3）雙方對戰，對手突然用右直拳擊打我心窩；我快速應變，用左手下拍破化，同時發右爪向斜下方劈砸其脖頸（圖 2-4-34）。

要點：拍拳有力、準確，出爪揮臂、轉腰發力，力達

圖 2-4-34　　　　　　　　　圖 2-4-35

爪外沿，雙手齊動。

（4）雙方對戰，對手突然進身，用雙手抓拉我肩部，並以右膝頂擊我腹部；我迅速用左手下拍來膝，同時上體左轉，以右爪向下劈砸其左肘（圖 2-4-35）。

要點：雙手拍砸一致，轉腰發力，快速準確，力達爪外沿。

（5）雙方對戰，我突然從對手背後抱其雙腳後拉將其摔跌在地，接著上步騎壓其背，右爪向下劈砸其後腦（圖 2-4-36、37）。

圖 2-4-36

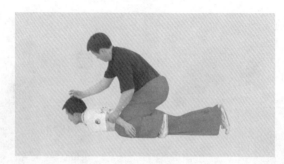

圖 2-4-37

要點：抱腳摔果斷、快速，爪劈砸沉身、揮臂發力，力達爪外沿，左手抓控牢固。

7.擒鎖爪法

（1）雙方對戰，對手突然從背後抓拉我衣服欲施拳技；我快速應變，身體左轉，用右爪由外向內外旋纏鎖其肘臂，同時左手回護體前（圖 2-4-38）。

圖 2-4-38

要點：順勢回身纏鎖，用右腋窩夾控對手手腕，右爪擒鎖向上發力，一氣呵成。

（2）雙方對戰，對手突然用雙推掌攻擊我胸部；我快速應對，用右爪外擋摟抓對手右手腕，同時上左步出左爪由內向外纏繞擒鎖對手脖頸（圖 2-4-39、40）。

要點：雙爪連環快速，準確有力，上步轉腰發力，擒鎖靠貼對手右腿處，力達雙爪。

圖 2-4-39　　　　　　　　圖 2-4-40

（3）雙方對戰，對手突然用右蹬腿猛攻我腹部；我快速應變，用雙爪搶鎖擒折來腳（圖 2-4-41）。

要點：接位準確、牢固，雙爪合力擒折腳踝關節，力發腰間。

（4）雙方對戰，對手突然用右邊腿猛踢我腰腹；我快速上右步，同時用雙爪擒抱鎖挫來腿膝關節（圖 2-4-42）。

圖 2-4-41　　　　　　　　圖 2-4-42

圖 2-4-43 　　　　　　　　　　圖 2-4-44

　　要點：擒鎖來腿準確、有力，左爪回抱、右爪下推形成錯力，且以腹部迎頂來腿，轉腰發力，力達雙爪。

　　（5）雙方對戰，對手突然用左直拳攻打我胸部；我用右爪裏格破化，接著借對手回抽左手之際向前上步，出左爪擒鎖對手頭頸，同時左頂膝撞擊其心腹（圖2-4-43、44）。

　　要點：左爪擒鎖頭頸由外向內纏繞，出爪、頂膝同時進行，發力通透，動作兇狠。

（五）指技點戳法

　　如今，熟知和精通指技點戳法者已少之又少，究其原因，一則是修練指技過程頗為艱苦，不少學藝者難以持之以恆而半途而廢；二則是精熟指技的武師不肯輕易授人，因藝成之後搏殺威力巨大，唯恐誤傳不良之輩，招惹是非，有損英名，故擇徒極嚴，致使流傳面不廣。

　　指技不僅以攻擊面積小、進攻距離長、穿透打擊力

大、指法靈活刁鑽，因而難以防範，而且進攻落點豐富、意念兇狠、氣力合注，以及隨勢變招、可攻可守和攻守兼備，因而在實戰搏擊中堪稱奇妙絕技。

拳語講：「五指為掌，四指稱指。」本技法中的指型包括一指（又稱金針指）、二指（又稱金剪指）、三指（又稱金叉指）、四指（又稱金鏟指）以及八字指（又稱金鉗指）等。若想在實戰搏擊中得心應手地運用指技，屢見奇威，精修指功是至關重要的，正如拳語所講：「有技無功不中用，有功無技不生妙。」通常經過點指功、插指功、抓指功、頂指功、撐指功和推指功一整套行之有效的功法修練後，就可收到指功精純之效。

指技的著力點一般分為指尖、指腹、指沿等部位。攻擊點大致可分為兩大類：一類是人體外顯要害處，如眼睛、咽喉、頸部、腋窩、襠部、耳門等。另一類則是人體經絡敏感點——穴位處，如頭頸處，包括百會穴、太陽穴、玉枕穴、耳門穴、印堂穴、人中穴、啞門穴、風府穴、風池穴、天突穴、咽喉穴等；如軀幹處，包括華蓋穴、膻中穴、鳩尾穴、神闕穴、氣海穴、關元穴、乳根穴、膺窗穴、期門穴、章門穴、大椎穴、肩井穴、命門穴、腎腧穴、會陰穴等；如四肢，包括少海穴、太淵穴、曲池穴、內關穴、曲澤穴、列缺穴、勞宮穴、合谷穴、解谿穴、三陰交穴、足三里、湧泉穴、崑崙穴、委中穴、承山穴、環跳穴、血海穴等。

1. 彈襠戳眼

雙方對戰，我突然用右彈腿猛踢對方襠部，隨右腳下

圖 2-5-1

圖 2-5-2

落用雙手的食、中二指分別戳擊其雙眼（圖 2-5-1、2）。

要點：出招搶攻果斷、兇猛，彈襠、戳眼連貫有力，力達腳尖、指端。

2. 撥拳穿鼻

圖 2-5-3

雙方對戰，對方突然用左直拳攻打我面部；我急速側上右步，用右手向內橫撥來拳前臂處，同時左手食、中二指向上穿擊其雙鼻孔（圖 2-5-3）。

要點：側進身、撥拳、穿指三動一致，力達指端。

3. 連環點指

雙方對戰，我突然用右手食、中二指點擊對方面部眉

圖 2-5-4　　　　　　　　圖 2-5-5

心，接著進步用左手食、中二指連環點擊其胸部膻中穴（圖 2-5-4、5）。

要點：點穴指法精準有力，蹬地轉腰發力，力達指端，連環指緊密相連。

圖 2-5-6

4. 左右插點

雙方對戰，對方突然上步沖右直拳擊打我頭部；我急速回移重心下閃避化來拳，同時左手食、中二指反手插點對方腹部氣海穴，接著上體左轉，右手食、中二指點擊其太陽穴（圖 2-5-6、7）。

要點：閃躲及時，插點指準確有力，一氣呵成。

圖 2-5-7

圖 2-5-8

5.擋腿插襠

雙方對戰，對方突然用右邊腿攻踢我側肋；我急速上右步，用左臂屈肘向外防擋來腿，同時右手食、中、無名三指插擊對方襠部（圖 2-5-8）。

要點：防守及時準確，插指兇狠，力達指端，轉腰送肩發力。

6.抓腕穿腋

雙方對戰，對方突然轉身用右鞭拳抽打我面部；我急速用右手向外抓握來拳手腕，同時左手三指向上穿擊其右腋處（圖2-5-9）。

要點：抓腕、穿指

圖 2-5-9

圖 2-5-10　　　　　　　圖 2-5-11

一致，準確有力，擰腰送肩發力，左右手形成前後爭力。

7. 反擊點指

雙方對戰，對方突然進身用雙直拳沖打我胸部；我急速出雙手由外向下拍撥來拳，隨之用雙手三指同時戳點其胸部左、右膺窗穴，緊接著三指猛點其耳門穴（圖 2-5-10、11）。

要點：破化來拳準確有力，連指戳點兇猛快速，力達指端。

8. 閃身點頭

雙方對戰，對方突然用右直拳猛打我頭部；我急速側閃、進身避化來拳，同時用右手食指猛點對方後腦啞門穴（圖 2-5-12）。

圖 2-5-12

要點：閃身及時，點穴準確有力，借其前衝之力隨即出指，以此增加打擊力，力達指端。

9. 防腿點腰

雙方對戰，對方突然轉身用後蹬腿猛蹬我襠部；我急速用右手向下拍攔來腿，同時進身用左手

圖 2-5-13

四指猛力點擊對方後腰命門穴（圖 2-5-13）。

要點：防腿快速有力，點指準確兇狠，蹬地轉腰發力，力達指端。

10. 抓腕點肋

雙方對戰，對方突然用右直拳猛打我頭部；我急速右轉身用右手向外抓拉來拳手腕破化，同時用左手中指猛點對方側肋章門穴（圖 2-5-14）。

要點：轉身抓腕及時，點肋準確有力，力達指端。

11. 鎖頸頂襠

雙方對戰，對方突然

圖 2-5-14

向前推我胸部；我隨即雙手用八字指鎖卡對方頸部，同時用右膝猛頂其襠部（圖 2-5-15）。

圖 2-5-15

要點：二指向內鎖卡與頂襠協調一致，力達指腹及上膝處，動作快猛。

12. 八字指穿喉

雙方對戰，對方突然用右拳沖打我胸部；我急速用雙手刁抓回拉來拳腕、肘，同時右踩腿猛踩其膝部，隨即右腳下落左轉身，用右八字指猛穿對方咽喉（圖 2-5-16、17）。

要點：刁抓回拉與踩腳形成前後爭力，動作準確快速，穿喉力達指端。若能借對方受擊後移而順勢出指穿喉，則打擊效果更佳。

圖 2-5-16

圖 2-5-17

圖 2-5-18

圖 2-5-19

13.反指掐喉

雙方對戰，對方突然用左下劈拳劈打我頭部；我急速用左手向外絞架回抓來拳手腕破化，同時側移步進身，用右手反八字指掐鎖對方咽喉（圖 2-5-18、19）。

要點：接手準確及時，掐鎖指有力，力達指腹。

14.防拳點喉

雙方對戰，對方突然用右橫擺拳摜打我頭部；我急速用左手攔擋來拳，同時用右手拇指點扣其咽喉穴（圖 2-5-20）。

要點：防拳及時，拇指點扣準確有力，轉腰蹬地發力，力達指腹。

圖 2-5-20

15. 防腿點膝

雙方對戰，對方突然屈膝欲用腿攻踢我；我急速進步搶先用右手拇指點擊其右腿膝內血海穴（圖2-5-21）。

要點：搶位及時，發指準確，力達指腹。

16. 防拳點面

雙方對戰，對方進身突然用右上勾拳打擊我心窩；我急速用左手向下拍按破化來拳，同時用右手拇指點擊其面部印堂穴（圖2-5-22）。

要點：防拳及時，點指有力，快速準確，力達指腹。

17. 潛身插腹

雙方對戰，對方突然用右擺拳擊打我頭部；我急速以側進步下潛身破化來拳，同時以右手四指猛插其腹部神闕穴（圖2-5-23）。

圖2-5-21 　　　　　圖2-5-22

圖 2-5-23

圖 2-5-24

要點：潛身側閃及時，插指力達指端，蹬地轉腰發力，動作快猛。

18.防腿戳眼

雙方對戰，對方突然起右蹬腿猛蹬我腹部；我急速用左手向下拍按來腿，接著進身以右手四指戳擊對方雙眼（圖 2-5-24、25）。

圖 2-5-25

要點：拍腿短促有力，進身敏捷，戳指力達指尖。

19.防摔插腦

雙方對戰，對方突然進身用雙手抱腿摔技搶攻我；我急速下沉身體，同時以雙手四指猛插其後腦風府穴、風池穴（圖 2-5-26）。

圖 2-5-26

圖 2-5-27

要點：反應及時，沉身插指一致有力，力達指端。

20. 翻手穿喉

雙方對戰，我突然用右直拳擊打對方胸部，對方隨即用右手向下拍按破化，接著我用左手抓壓其右前臂，同時右手上翻用四指狠穿其咽喉穴（圖 2-5-27、28）。

圖 2-5-28

要點：換手快捷，穿指突然有力，力達指端。

三、腿踢技法

（一）彈腿技法

彈腿以其技術簡便、技擊實用、制人毒辣、出招隱蔽和運用靈活等諸多優點而被美稱為百腿之母。

彈腿技法不僅能夠用來主動出擊，而且還可用來防守以及防守反擊，同時配合其他技法應用時更是威力無比。彈腿攻擊點多，上可以攻踢對手頭面、脖頸，中可以攻踢胸肋、腹背，下可以攻踢襠部、膝脛等人體要害部位。

從彈腿技術方面分類也有多樣，如凌空彈腿、站立彈腿、倒臥彈腿、單腿單擊彈腿、單腿連擊彈腿、雙腿同擊彈腿、雙腿連擊彈腿以及正位彈腿、內側位彈腿和外側位彈腿等等。

彈腿技法有兩大內容，一是功力訓練，二是技法運用，二者不可偏廢，要協調發展，正如拳語所講：「功不練不為妙，技不練不為能。」

1.功力訓練

(1)負重綁腿訓練法

練習者雙腿選用不同重量的沙袋綁腿，如將 2.5 公斤、5 公斤、10 公斤等重量的沙袋綁在小腿上，進行負重

彈腿練習。次數、組別由少到多,以此來提高彈腿技法的速度和力度。

(2)控腿畫字訓練法

練習者一腿站立支撐身體,雙手在體前自然隨動,另一腿懸空進行畫字練習。字,可選擇「武」「精武」「好功夫」「無敵腿」「一腿定勝負」「腿功蓋世」和「武林奇腿」等字樣。畫字腿可直膝、屈膝互練,字體從簡至繁,左右腿互換,次數自定,以此來提高自信心、控腿能力、平衡能力及腿部力量等。

(3)腳踢飛紙訓練法

練習者自己或由同伴將普通報紙或白紙舉過頭頂自然放開,在紙張自由下落的過程中,練習者可隨機應變,踢出各個角度的彈腿,以將紙張踢開為佳。訓練量可自定。此法可訓練出腿的準確性及平衡感等。

(4)踢沙袋訓練法

將具有彈性的皮質沙袋吊置在高、中、低不同的位置,然後進行各種彈腿練習。

快速、慢速互換,力量由輕到重,次數由少到多,以此來提高腿的攻擊力和耐力。訓練時最好佩戴護腳套,以防腳部損傷。

(5)踢腳靶訓練法

由同伴手持雙腳靶,餵出不同角度的靶位給練習者彈踢。餵靶者從靜止靶過渡到移動靶,餵靶時可將順力餵靶和頂力餵靶相結合,次數、組別自定,以此來發展練習者出腿的靈活性、準確性和踢擊力。

2.技法運用

(1)技術介紹(以站立姿勢為準)

①正位彈腿

身體成左實戰姿勢,以右腿中位彈踢為例。重心前移,左腿微屈膝,腳趾抓地;右腿屈膝上提,大腿帶動小腿向對方襠位踢出,腳面繃緊,力達腳尖及腳背。同時腰部微向左轉動,雙手自然隨動,目視前方。

②側位彈腿

身體成左實戰姿勢,以右腿低位彈踢為例。重心前移,左腳稍外展,屈膝抓趾支撐身體;右腿屈膝上提,大腿帶動小腿向體前45°斜下方彈射;腳面繃緊,力達腳尖及腳背。同時腰微向左轉動,雙手臂向體右後方向自然擺動,左臂屈肘,右臂直肘,目視彈腿方。

③外側位彈腿

身體成右實戰姿勢,以右腿高位彈踢為例。重心後移,左腿微屈膝支撐身體;右腿屈膝上提,大腿帶動小腿向體前外側45°彈射,腳面繃緊,力達腳尖及腳背處。同時腰微向左側方轉動,雙手在體前稍下擺,目視彈腿方。

要點:動作快猛,呼吸順暢,意識兇狠,目光逼人。

凌空彈腿、倒地彈腿只是將站立姿勢改變為凌空、倒地姿勢而已,其基本技術相同。

彈腿與橫掃腿技術應加以區別,橫掃腿是以整條腿擺踢而出,而彈腿則是大小腿折疊擺踢而出,有一種彈射之力道。

(2)技法運用

①抓髮彈面

雙方搏戰，我突然進步用雙手抓握對手頭髮下拉，同時右正位彈腿猛踢其面門（圖3-1-1）。

要點：動作快猛，力達腳面，抓髮、彈面上下合力。

②彈脛踢面

雙方搏戰，我突然用前腳右正位彈腿連踢對手前腿脛骨和面部，雙手臂體前隨動（圖3-1-2、3）。

要點：彈腿連出緊密，不可落地，力達腳尖及腳面，動作快速有力。

③彈襠踢頭

雙方搏戰，我突然用右正位彈腿猛踢對手襠部，隨即以

圖3-1-1

圖3-1-2

圖3-1-3

右內側高彈腿連擊其頭部，雙手體前隨動（圖3–1–4、5）。

要點：彈腿連出緊密，不可落地，力達腳尖、腳面，側彈擰腰轉胯。

④彈膝踢頭

雙方搏戰，我右腳突然向對手左側偏門移步，隨即以左外側彈腿連踢其膝窩和頭部，雙手體前隨動（圖3–1–6、7）。

圖3–1–4

圖3–1–5

圖3–1–6

圖3–1–7

要點：連踢緊密，不可落地，力達腳面及腳外側，轉腰送胯，動作快速有力。

⑤正彈破直拳

雙方搏戰，對手突然用右直拳攻打我面部；我身體重心急速後移，同時向前以左側正位彈腿猛踢其手臂，雙手體前隨動（圖3-1-8）。

圖 3-1-8

要點：彈擊準確，發力快猛，力達腳尖，意念兇狠，氣息通暢。

⑥外彈破擺拳

雙方搏戰，對手突然用左橫擺拳猛打我頭部；我急速後移身體重心，同時以右外側位彈腿猛踢其前臂內側，雙手體前隨動（圖3-1-9）。

要點：彈擊準確，發力快猛，力達腳面，轉腰送胯，意念兇狠，氣息通順。

⑦外彈破旋踢

雙方搏戰，對手突然轉身用左旋踢腿攻擊我頭部；我急速向左外側位，以彈腿攔踢其腿，雙手臂

圖 3-1-9

體前隨動（圖 3-1-10）。

要點：攔踢準確，轉腰送胯，力達腳面和左腿外側，動作快速有力，攔踢的瞬間要閉氣。

⑧跳彈破抱摔

雙方搏戰，對手突然進步欲用雙手抱腿摔技制服我；我急速用前後腳跳換破化對手進攻，同時以右後腿正位彈擊其面門，雙手體前隨動（圖 3-1-11）。

圖 3-1-10

要點：跳換步及時，彈擊準確，意念兇狠，呼氣發力。

⑨外彈破劈拳

雙方搏戰，對手突然用右劈拳劈砸我面門；我急速用右手向外擋抓來拳，同時身體重心後移，以右外側位彈腿猛踢其側肋，進行防守反擊，左手隨動置於體前（圖 3-1-12）。

要點：擋抓手快速、準確，轉腰送胯，彈腿有力，力達腳面。

⑩撞膝彈襠

雙方搏戰，對手突然用右斜撞膝攻擊我心腹

圖 3-1-11

處；我急速用右斜撞膝撞擊其大腿內側破化，接著右腿連出彈腿猛踢對手襠部，雙手體前隨動（圖 3-1-13、14）。

要點：一腿二用，不可落地，屈膝撐腰轉胯，力達腳尖，動作快速有力。

⑪飛彈破勾踢

雙方搏戰，對手突然用右勾踢腿攻擊我左腳跟；我疾速雙腳蹬地，身體凌空左轉 180°，同時向右內側位彈腿猛踢其頭部，雙手體前隨動（圖 3-1-15）。

圖 3-1-12

圖 3-1-13

圖 3-1-14

圖 3-1-15

要點：閃躲及時，凌空彈擊準確、快速，力達腳面。

⑫ 拍肘彈襠

雙方搏戰，對手突然進身用挑肘攻擊我頭及下頜處；我急速用雙臂屈肘向下疊拍其肘，同時用右腿正位彈擊對手襠部（圖3-1-16）。

要點：拍肘準確，彈擊有力，力達腳面、腳尖，疊拍、下彈協調合一。

⑬ 彈破掃踢

雙方搏戰，對手突然用右橫掃腿猛踢我頭部；我急速進步用左手臂向外拍攔來腿，同時以左內側位彈腿猛踢其支撐腿膝窩（圖3-1-17）。

要點：拍腿準確有力，進步及時，彈腿擰腰轉胯。

⑭ 彈破直拳

雙方搏戰，對手突然用右直拳打擊我面門；我急速向其體側上右步閃進破化來拳，同時以左腿內側位彈腿猛踢對手前支撐腿小腿，雙手隨動，令其倒地（圖3-1-18）。

圖 3-1-16

圖 3-1-17

圖 3-1-18

要點：閃步快速，彈腿有力，力達腳面，轉腰撐胯。

⑮ 後倒彈襠

雙方搏戰，對手突然進步出雙沖拳猛擊我胸部；我急速順勢向後倒地，雙手拍地緩衝，以後背先著地，同時出右彈腿向上猛踢對手襠部（圖 3-1-19、20）。

要點：倒地順勢，發力閉氣，力達腳尖（當對手受擊倒地壓在我身上時，可用另一腳將其踢出）。

圖 3-1-19

圖 3-1-20

⑯ 側倒彈腹

雙方搏戰，對手突然以左直拳擊打我頭部；我急速側倒雙手扶地，同時用右側彈腿踢擊對手腹部（圖 3-1-21）。

要點：倒地快捷，彈腿準確，發力快猛，力達腳尖。

⑰ 飛彈踢面

雙方搏戰，我突然用左腿正位彈擊對方襠部，接著右腳蹬地，身體凌空以右彈腿猛踢對手頭面，雙手體前隨動（圖3-1-22、23）。

要點：雙彈腿連貫快速，力達腳尖，凌空輕靈，踢擊準確，呼氣出腿。

⑱ 飛彈踢頭

雙方搏戰，我突然進身用左內側位彈腿攻擊對手前腿內側，隨即右腿蹬地身體

圖 3-1-21

圖 3-1-22

圖 3-1-23

凌空，以右裏彈腿猛踢其頭部，雙手隨動（圖 3-1-24、25）。

要點：連環彈腿一氣呵成，轉腰發力快猛，力達腳面，意氣相合。身體凌空時要提氣。

⑲ 飛彈踢肋

雙方搏戰，我突然進身用左內側位彈腿猛踢對手右肋，接著右腳蹬地，身體凌空，以右內側位彈腿連踢對手左肋，雙手隨動（圖 3-1-26、27）。

圖 3-1-24

圖 3-1-25

圖 3-1-26

圖 3-1-27

要點：雙彈腿快速連貫，力達腳面，轉腰擰胯，意氣相合。

　　⑳飛彈踢背

　　雙方搏戰，我突然用左橫掃腿猛攻對手腹肋，對手進身用雙手抱控我腿欲施摔技；我急速以右腳蹬地，身體凌空，以右內側位彈腿猛踢其背部，雙手隨動（圖3-1-28—30）。

　　要點：擰腰轉胯，力達腳背，意氣相合。若對手雙手緊抱不放，我可使用倒跌彈腿攻擊。

圖3-1-28

圖3-1-29

圖3-1-30

（二）蹬腿技法

蹬腿是以大腿帶動小腿由屈到伸向前蹬擊，力達腳跟的一種腿法，是實戰搏擊中的一種有力武器，具有易學、多變和實用等特點。

蹬腿可單腿獨用，也可左右腿連蹬，同時又有站立蹬腿、凌空蹬腿和地躺蹬腿之分，還可分別從正、側、後多角度及高、中、低多層次蹬擊對手，真可謂是內容豐富、變化莫測、防不勝防。

為了增加蹬腿的殺傷力，可採用腳蹬沙袋、木樁、石柱等方法進行練習，從而達到一招制敵之奇效。

1. 雙方對打，對手突然用右高邊腿攻踢我胸部；我快動用雙手外拍來腿，同時以右蹬腿阻蹬其大腿根內側（圖3-2-1）。

要點：起腿快捷，準確有力，力達腳跟，雙手拍擊自然、快脆。對戰時要心靜腿疾，以起到「後發先至」之效。

2. 雙方對打，對手突然用右下劈掌擊打我頭面；我快速動用左掌上架來招，同時以右蹬腿狠蹬其心腹，右掌回收體側（圖3-2-2）。

要點：接招準確，架掌上撐有力，蹬腿兇猛，力達腳跟，左手、右腳上下協調一致。

圖 3-2-1

圖 3-2-2

圖 3-2-3

3.雙方對打，我突然搶攻用右直拳、左低位蹬腿雙點打擊對手頭、膝要害（圖3-2-3）。

要點：出招果斷、準確，手、腳一致，使對手無法避化而中招，力發腰間，直拳送肩，直膝蹬腿，力達拳面、腳跟。

圖 3-2-4

4.雙方對打，對手突然用右橫擺拳攻打我頭部；我快速後移身體重心，上體側閃避化來拳，同時以右低蹬腿狠蹬對手前支撐腿的膝部（圖3-2-4）。

要點：閃避來拳敏捷、及時，左拳回護面前，右手隨擺體側，扣趾抓地，大腿推動小腿發力，力達腳跟。

5.雙方對打，對手突然用右直拳攻打我面門；我快速

後轉身雙手撐地閃避，同時以右後蹬腿狠蹬對手心窩（圖3-2-5）。

要點：雙手撐地敏捷，身體要以三點支撐來增加穩定性，以便發力，展胯直膝蹬腿，力達腳跟。此招較怪異，對手防守困難，可起到一錘定音之效。

圖3-2-5

6. 雙方對打，對手突然用右側踹腿攻擊我頭部；我快速應變，跪左膝跌單叉，以右前蹬腿、右直拳反擊對手左支撐腳腳跟和大腿內側，令其倒地（圖3-2-6）。

要點：沉身跌叉快穩，轉腰送胯發力，力達拳面、腳跟，蹬腿、直拳

圖3-2-6

一致，左拳上架頭頂。跌單叉蹬腿，一可避化來腿，二可反擊對手。

7. 雙方對打，對手突然從背後擒拿我右臂，我快速應變，起右後蹬腿蹬擊其襠部（圖3-2-7）。

要點：蹬腿準確、有力，力達腳跟，左手回防體前。手臂被擒時應前移身體重心，與對手形成側後爭力，為後

圖 3-2-7

圖 3-2-8

蹬腿出招創造好時機。

8.雙方對打，對手突然上步用雙手鎖掐我咽喉；我順勢後倒，用雙手抓托其左右腋處，同時以雙蹬腿向上狠蹬其胯腹，將對手蹬翻倒地（圖 3-2-8）。

要點：倒跌自然、快速，雙手、雙腿齊動，協調一致，直膝展腹發力，力達腳跟。

9.雙方對打，對手突然搶攻，用右劈拳擊打我頭部；我順勢右轉身體下倒，同時雙手撐地以後雙蹬腿反蹬其胸部（圖 3-2-9）。

要點：變招快捷，倒身穩定，雙手、雙腿協調一致，推地、展腹直膝發力，力達腳跟。

圖 3-2-9

10. 雙方對打，對手突然用右直拳猛打我面門；我快速用雙手向上托化來拳，同時出右蹬腿狠蹬其心腹（圖3-2-10）。

　　要點：接招準確、有力，雙手托化與蹬腿一致，發力時胯催膝、膝催踝，力達腳跟。

11. 雙方對打，對手突然轉身用右旋擺腿攻踢我頭部；我快速出右前蹬腿阻蹬其腰臀處破化來腿（圖3-2-11）。

　　要點：出腿快準、有力，力達腳跟，雙手回護胸前。

12. 雙方對打，對手突然用左高邊腿狠踢我頭頸；我快速出左前蹬腿搶蹬其左大腿根處破化來腿（圖3-2-12）。

　　要點：起腿快速，踢位準確，雙手體前自然擺動，轉腰

圖 3-2-10

圖 3-2-11

圖 3-2-12

送胯發力，力達腳跟。

13.雙方對打，對手突然出右上鉤拳擊打我下頜；我快速應變，用左手臂下壓破化來拳，同時以右低蹬腿狠蹬其前腿膝部，右手回護體側（圖3-2-13）。

要點： 接招準確，發力快脆，左手破化與右腳低蹬一致，力達腳跟和前臂。

14.雙方對打，對手突然從背後用雙手摟鎖我頸部；我快速應變，回收下頜，用雙手向前扳拉其手臂，同時用右下蹬腿狠跺對手右腳面（圖3-2-14）。

要點： 雙手扳拉有力，沉身屈膝發力，力達腳後跟。若此招再接側身別摔，則制勝效果更佳。

15.雙方對打，對手突然用右直拳擊打我胸部；我快速應變，用雙手前臂夾鎖來拳破化，同時用右前蹬腿狠蹬其心腹要害（圖3-2-15）。

要點： 夾鎖有力、準確，手腳動作一致，含胸墜肘，直膝送胯發力，力達腳跟和雙前臂內側。

圖 3-2-13　　　　　　　　圖 3-2-14

16.雙方對打，我突然搶攻用左低蹬腿攻擊對手前支撐腿膝部，隨即左腳不落地連出高蹬腿蹬其胸部（圖3-2-16、17）。

要點：左腿連蹬動作快速連貫，轉腰送胯發力，力達腳跟，雙手隨動。

17.雙方對打，對手突然用左後撩腿撩擊我襠部；我快速應變，用右劈拳砸擊破化來腿小腿處，同時以右側蹬腿狠蹬其後腰（圖3-2-18）。

圖3-2-15

圖3-2-16

圖3-2-17

圖3-2-18

圖 3-2-19　　　　　　圖 3-2-20

　　要點：劈拳砸腿準確、有力，劈拳、側蹬一致，轉腰送胯發力，力達拳輪和腳跟，支撐腳扣趾抓地。

　　18.雙方對打，我突然搶攻，用左彈腿彈擊對手襠部，隨即回落左腳，雙腳蹬地，身體凌空用騰空右蹬腿狠踢其面部（圖3-2-19、20）。

　　要點：雙腿變換連貫快速、準確有力，雙手自然擺動，力發腰間，力達腳尖和腳跟。

　　19.雙方對打，對手突然用右高邊腿攻踢我上體；我快速應變，用右裏合腿迎擊破化來腿，接著回落右腳身體左轉，雙腳蹬地凌空以左後蹬腿狠蹬其胸部（圖3-2-21、22）。

圖 3-2-21

圖 3-2-22

　　要點：連環腿連貫快速、準確有力，轉腰發力，力達腳跟，雙手隨動。

　　20.雙方對打，我突然用左蹬腿搶攻對手襠腹要害，然後下落左腳，隨即以右高蹬腿快蹬其頭部（圖 3-2-23、24）。

　　要點：連環蹬腿快準有力，轉腰送胯發力，力達腳

圖 3-2-23

圖 3-2-24

跟，雙手體前擺動，意力兇狠，勁道通透。

21.雙方對打，對手突然轉身用右鞭拳抽打我面門，我快速應對，用雙手向外拍阻來拳破化，同時以左側蹬腿狠蹬其軟肋要害（圖3-2-25）。

要點：拍阻來拳準確、有力，蹬腿送胯發力，手腳一致，力達掌心和腳跟。

22.雙方對打，對手突然用左側踹腿攻擊我上體；我快速應變，用雙手鎖抱來腿，同時右轉身，以右後蹬腿狠蹬其支撐腿膝部（圖3-2-26）。

要點：鎖抱腿準確、有力，轉身、蹬腿敏捷，力發腰間，展胯直膝，力達腳跟。

23.雙方對打，對手欲提膝用左側踹腿攻擊我；我快速出右蹬腿阻蹬其外膝破化（圖3-2-27）。

要點：阻蹬及時、準確，力發腰間，力達腳跟，左腳扣趾抓地，左手回護體前。

圖3-2-25　　　　　　　圖3-2-26

圖 3-2-27

24. 雙方對打，我快速進身用抱腿摔搶攻對手，對手後撤右步，雙手抓拉我肩部，將我摔倒在地，此時我雙手推地，雙腳前躥，身體向後仰躺，雙腿狠蹬其膝部（圖 3-2-28~30）。

要點：前躥、蹬腿快捷準確，直膝、展身發力，力達雙腳跟，雙手在體兩側撐扶地面。

圖 3-2-28

圖 3-2-29

圖 3-2-30

25.雙方對打，對手突然從我背後用右手提抱我左腳踝，用左掌向前推擊後腰偷襲摔我；我在倒地的瞬間雙手扶地緩衝，以右後蹬腿狠蹬其頸部（圖 3-2-31）。

要點：倒跌時我雙手及左腳用力支撐地面，避免面部受傷，轉頭、出腿同時進行，力達腳跟。

圖 3-2-31

（三）踹腿技法

踹腿又稱側踹腿，是實戰搏擊中殺傷力較強的技術之一，具有攻守兼備、動作快捷、勁大勢猛、打擊點豐富、實戰功效明顯等特點。

1. 晃面踹腹

雙方交戰，我左腳急速向右腳後撤步接近對手，同時以右手彈掌誘晃其面門，接著用右側踹腿猛踹其腹部（圖3-3-1、2）。

要點：手腳同動，一氣呵成，踹腿由屈到伸，展胯直膝，發力快猛，力達腳跟。此招法為引上打下之妙招，晃面可引誘對手注意力，從而為我側踹腿成功運用創造有利機會。

圖 3-3-1

圖 3-3-2

2.墊步踹腹

雙方交戰，我左腳急速向右腳內側墊步，接著用右側踹腿猛踹對手心腹處，雙手自然擺動（圖3-3-3、4）。

要點：踹腿展胯，力達腳跟。此招法為以快制快之妙招，正如拳語所講「步到制人不犯難」。墊步須快速，出腿要狠，同時眼神要下視對方腳位，虛作進攻下盤，實則直攻心腹，使其防不勝防。

3.連環踹擊

雙方交戰，我急速進步，用左側踹腿猛踹對手腹部，接著左腳下落，雙腳蹬地，身體凌空，以左飛踹腿擊其頭面，雙手隨動（圖3-3-5、6）。

要點：踹腿展胯直膝，力達腳跟。此招為搶攻技法，出腿應突然果斷，連踹要緊密連貫，不可脫節，當對手受擊上體前傾時正是飛踹出擊的好時機。

圖 3-3-3　　　　　　　　　圖 3-3-4

圖 3-3-5　　　　　　　　　圖 3-3-6

4. 踢襠踹頸

　　雙方交戰，我突然用左腿蹬踢對手襠部，對手隨即用拍按掌向下破化，我順勢左腳不落地，提膝收腳變向用側踹腿猛踹其頭頸，雙手隨動（圖 3-3-7、8）。

　　要點：踹腿展胯，一腿二用連貫有力，意氣相合，力

圖 3-3-7　　　　　　　　　圖 3-3-8

達腳跟。此招為變向進攻之妙
招，蹬踢襠位被防守時正值對
手頭頸暴露，隨即變向踹踢其
頭頸殺傷力最大。

5.閃步踹膝

雙方交戰，對手突然用右
直拳猛打我頭面；我左腳急速
側閃進步，同時用右低側踹腿
猛踹其前支撐腿膝窩處，雙手
隨動（圖3-3-9）。

圖3-3-9

要點：側閃進步及時敏捷，踹腿準確有力，意想腿至
人倒，呼氣發力，力達腳跟。此動為借招打招之法，運用
時要做到彼動己動，意動在先。

6.踩脛踹腋

雙方交戰，我突然進身，用左前踩腿猛踩對手前腿脛
骨處，接著左腳不落地連踹其下頜（圖3-3-10、11）。

要點：一腿二用，連貫緊密，側傾展胯，意想腿至碎
骨肋斷，氣息暢達，力達腳跟。此招為主動進攻之法，實
戰中運用主動進攻之法必須牢記兩點：一是出招快猛，力
大無防；二是變點變線，落位難防。

7.勾踹連環

（1）雙方交戰，我突然進身，用右勾腿猛踢對手前
腳，對手隨即提膝閃化，我順勢變招用右側踹腿變位踹擊

圖 3-3-10

圖 3-3-11

其腋下，雙手隨動（圖 3-3-12、13）。

　　要點：勾踢果斷，身體沉穩，側踹兇猛，快速有力，力達腳跟。

　　（2）雙方交戰，我突然進身，用右勾腿猛踢對手前支撐腿，在其失重之際，我急速用右側踹腿補踢其胸部（圖3-3-14、15）。

圖 3-3-12

圖 3-3-13

圖 3-3-14　　　　　　　　　圖 3-3-15

要點：此招法較上勢不同之處在於對方在失衡時順勢補踹，攻擊力更大，踹擊效果更好。

8. 側踹阻拳

雙方交戰，對手突然用右直拳猛打我頭部，我急速後移身體重心，同時側閃身，以右低踹腿阻擊對手前腿膝關節處，雙手隨動（圖 3-3-16）。

要點：此招為阻擊之法，應用時側閃身要及時，阻踹準確，意想腿至骨斷，呼氣發力，力達腳跟。

9. 側踹阻腿

雙方交戰，對手突然用左邊腿猛踢我腹肋；我

圖 3-3-16

搶先出左踹腿阻擊其腰胯處，同時雙手向下拍按來腳（圖3-3-17）。

要點：出腿準確，快捷有力，雙手體前下拍腳短促、準確。意想腿至人倒，力達腳跟及雙掌。此招為迎擊之法，是以直線破化橫線的腿法，踹腿一定要意在對手之先。

10.抱腿踹膝

雙方交戰，對手突然進身，用右邊腿猛踢我腹肋；我急速左轉身，用雙手鎖抱來腿，同時以右踹腿狠踹其支撐腿的膝窩（圖3-3-18）。

要點：抱腿及時準確，踹腿快速有力，意氣相合，力達腳跟。轉身抱腿一則可化解來腿之力，二則可使雙手與側踹腿前後形成爭力，使對手脫逃無術，從而增加我腿的踹擊力。

圖 3-3-17　　　　　　圖 3-3-18

11. 倒踹踢襠

雙方交戰，對手突然用高踹腿猛踹我頭部；我急速側倒，用雙手及右膝三點著地，同時出左踹腿狠踹其襠部（圖3-3-19）。

要點：踹襠及時準確，快速有力，意想腿

圖3-3-19

至襠碎人倒，呼氣發力，力達腳跟。此招為「避實擊虛」之法，應用時身體要突然順勢而倒。

12. 側踹阻膝

雙方交戰，對手突然進身提膝欲用腿招進攻；我急速用左腿側踹阻擊其腿膝處，破化其進攻（圖3-3-20）。

要點：阻擊要眼疾腿快，力達腳跟，如在阻膝後施加拳法進攻，則效果更佳。

13. 彈掌踹心

雙方交戰，對手進身，用劈拳擊打我面門；我急速向左側轉身，用右彈掌向外彈打破化來拳，同時以右側踹腿猛踹其胸腹（圖3-3-21）。

要點：出招準確，快速有力，力達腳跟及掌背。此招為攻防合一之法，手腳齊發，借對手前衝之力用側踹腿威力更大。

圖 3-3-20　　　　　　　圖 3-3-21

14. 飛踹踢胸

雙方交戰，對手突然用右蹬腿猛蹬我胸腹；我右腳急速上步，右手臂向外磕擋來腿，接著雙腳蹬地，身體凌空左轉 180° 用左飛踹腿狠踹對手胸部，雙手隨擺（圖 3-3-22、23）。

圖 3-3-22　　　　　　　圖 3-3-23

要點：磕臂、轉身、飛踹連貫快速，擰腰轉頭，周身協調，展胯直膝，意想腿至人倒，力達腳跟。

15. 拍面踹頭

雙方交戰，我突然進身，用拍面掌擊打對手面門，接著雙腿蹬地，身體凌空，用右飛踹腿踹擊其頭面（圖3-3-24、25）。

要點：踹腿展胯，拍面、踹腿連貫兇猛，力達手掌、腳跟。此招為連續搶攻之法，拍面果斷兇狠，使對手雙眼受傷，加上變招飛踹二次重創，使對手喪失戰鬥力。

16. 阻拳踹胸

雙方交戰，對手突然用右直拳猛打我頭面；我疾速用右側踹腿阻踹對手腹部，隨對手後移，我雙腳進步蹬地，身體凌空，以右側踹腿狠踹其胸部（圖3-3-26、27）。

要點：反擊快速準確，飛踹連貫、兇狠，蹬地展胯發

圖3-3-24

圖3-3-25

圖 3-3-26

圖 3-3-27

力，力達腳跟。

（四）勾腿技法

勾腿屬腿擊技法中之暗腿，具有隱蔽性高、實用性強、防守難度大等特點，在實戰中常用的勾腿有左勾腿、右勾腿、上勾腿和下勾腿。勾腿主要是利用腳勾來勾擊破壞對手的支撐腳跟，使之失衡倒地，最終被我所制。

1.雙方對戰，對手突然進身，用左擺拳摜打我頭部；我急速側進右步，向下潛身閃避來拳，隨之出左勾踢腿猛踢對手前支撐腿，同時雙手向下拍擊其後背，令其倒地（圖 3-4-1、2）。

要點：潛身及時，勾

圖 3-4-1

圖 3-4-2

圖 3-4-3

踢、雙拍掌一致，快速有力。

2. 雙方對戰，對手突然用左直拳攻打我面部；我急速用左手弧形刁抓來拳腕部，同時身體左轉出右勾踢腿猛踢對手前支撐腿，並以右砍掌向下狠擊其脖頸，令其倒地（圖 3-4-3）。

要點：勾踢、砍掌協調一致，抓腕準確有力。

3. 雙方對戰，對手突然進身，用雙手抓肩頂膝攻擊我襠部；我急速收腹避化，同時雙手托拉對手雙肘，出右勾踢腿向上猛踢其襠部，並順勢向後倒身，令對手翻滾倒地（圖 3-4-4、5）。

要點：托拉手與後倒、勾踢協調一致，順勢倒地收下頜，快速兇猛。

圖 3-4-4

4. 雙方對戰，對手突然用左直拳攻打我心窩；我急速用左手向外刁抓來拳並後拉破化，當對手向後抽手臂欲求掙脫時，我猛出高位右勾踢腿狠踢其頭頸處（圖3-4-6）。

要點：借力出腿，手腳觸位準確，動作快速有力。

5. 雙方對戰，對手突然用中位左側踹腿猛攻我胸部；我急速向左轉身閃化，同時雙手鎖抱來腿，上左步用右勾踢腿狠踢對手右支撐腿，令其倒地（圖3-4-7、8）。

圖 3-4-5

圖 3-4-6

圖 3-4-7

圖 3-4-8

要點：鎖抱腿及時牢固，勾踢與雙手鎖抱協調發力。

6. 雙方對戰，對手突然用右手抓拉我胸前衣領，左拳劈打我面門；我急速用左手扣握其右手，同時用左勾踢腿猛踢對手前支撐腿，右掌向前直推其胸部，令其倒地（圖3-4-9）。

要點：下勾腿與上推掌協調一致，轉腰發力，快猛兇狠。

7. 雙方對戰，對手突然用高位右邊腿攻踢我頭部；我急速向側倒身，用右勾腿勾掃其支撐腿，令其倒地（圖3-4-10）。

要點：倒地快捷，雙手及左腿支撐地面，勾踢有力。

8. 雙方對戰，對手突然進身，用雙手猛推我胸部；我急速向右側閃身，並用左掌格擋破化，同時用右勾踢腿狠踢對手前腿，右手下劈其後頸處，令其倒地（圖3-4-11、12）。

要點：勾踢、劈掌上下合一，閃身快捷，發力脆猛。

圖 3-4-9 　　　　　　　圖 3-4-10

圖 3-4-11

圖 3-4-12

(五)邊腿技法

邊腿，也稱鞭腿，是實戰中最常用的腿法，具有動作簡捷、打擊範圍廣、隱蔽性強、力道雄厚等優點，深受實戰選手的歡迎，同時也是選手們善用的得意腿技之一。

1. 雙方對戰，對手突然用右直拳猛打我頭部；我快速應變，用左手向外拍擋破化來拳，同時以右低邊腿狠踢其前膝（圖 3-5-1）。

要點：拍擋準確、有力，反擊邊腿要轉腰合胯發力，大小腿折疊脆快彈擊，力達右腳背，手腳動作協調，右手回護體前。

2. 雙方對戰，對手突然用左拋拳猛打我頭頸；我快

圖 3-5-1

速應變，身體重心後移閃避來拳，同時向左轉腰以右低邊腿狠踢其右腿內側（圖3-5-2）。

要點：閃身避拳及時，右邊腿反擊準確，雙手隨動，回護體前，轉腰合胯發力，折腿邊踢乾脆有力，力達右腳背。

3. 雙方對戰，對手突然用左高邊腿攻踢我頭部；我快速應變，側上左步，同時以右低邊腿狠踢其支撐腿內膝，使其倒跌在地（圖3-5-3）。

要點：迎踢大膽、果斷，移步快捷，出腿有力，轉腰合胯發力，力達腳背，雙手隨動護於體前以保持平衡。

4. 雙方對戰，我突然用右低邊腿搶攻對手前支撐腿膝外側，接著右腳不落地連環出高邊腿狠踢其頭部，雙手隨擺回護（圖3-5-4、5）。

要點：右腿連環邊踢果斷，快速連貫，轉腰合胯發力，力達腳背及小腿脛骨處，支撐腳扣趾抓地。

5. 雙方對戰，對手突然轉身用左旋擺腿攻踢我頭部；我快速應對，右腳側進步至對手背後，同時快出左低邊腿

圖 3-5-2

圖 3-5-3

圖 3-5-4　　　　　　　　　圖 3-5-5

狠踢其支撐腿膝部，雙手在體前自然擺動（圖 3-5-6）。

　　要點：移步破距及時、準確，邊腿快速有力，轉腰合胯折腿彈射發力，力達腳背及小腿脛骨處。

　　6.雙方對戰，對手突然進身用左前踩腿攻踢我左前腿脛骨；我快速應對，雙腳蹬地，身體騰空，同時向左轉腰，以凌空右邊腿狠踢其頭頸（圖 3-5-7）。

圖 3-5-6　　　　　　　　　圖 3-5-7

要點：騰空輕靈、敏捷，轉腰合胯發力，力達右腳背及小腿脛骨，雙手隨動體前。蹬地騰空一是為破化對手來腿攻擊，二是見招打招，變被動為主動。

7.雙方對戰，對手突然用左高位側踹腿攻踢我頭部；我快速順勢側倒地，隨即出右低邊腿掃踢其支撐腿膝窩，使之倒跌在地（圖3-5-8）。

要點：邊腿準確有力，轉腰擺腿合胯發力，力達腳背。倒跌時應用兩手及左腿外側著地。

8.雙方對戰，對手突然用右直拳攻打我面門；我快速應變，用右手向外刁抓來拳手腕破化，同時身體稍側傾，以右高邊腿踢擊其頭頸要害，左手回護體前（圖3-5-9）。

要點：刁手準確、有力，邊腿快猛，轉腰合胯發力，手腳協調一致，形成前後錯力，力達右手及右腳背。

9.雙方對戰，對手突然用右前蹬腿攻踢我心腹；我快變應對，身體重心後移，起左邊腿向裏迎踢來腿外側破化，接著左腳落步，隨即以右高邊腿攻踢其頭頸要害（圖

圖3-5-8

圖3-5-9

圖 3-5-10

圖 3-5-11

3-5-10、11 ）。

　　要點：迎踢準確，左右邊腿連環快速緊密，轉腰發力，力達腳背，雙手自然擺動回護。

　　10.雙方對戰，我突然用右彈掌誘打對手面門，當對手後閃仰頭避化之際，我快速用左右連環邊腿狠踢其心腹及頭、背要害，雙手自然擺動（圖 3-5-12－14 ）。

　　要點：左右邊腿連貫，一氣呵成，準確有力，轉腰調胯發力，力達腳背。彈掌誘打是為了分散對手的注意力，暴露出要害部位，以便我有效使用邊腿技法。

圖 3-5-12

圖 3-5-13 圖 3-5-14

11.雙方對戰，我突然用左側踹腿攻踢對手腹部；對手隨即上左步向右轉身，用雙手鎖抱我踹腿欲施摔技；我快速應對，以凌空右飛邊腿狠踢其背部，雙手自然擺動（圖3-5-15、16）。

　　要點：轉腰合胯發力，力達腳背及脛骨處，意念兇狠。踹腿被鎖抱後不可慌張，應借其力，右腳蹬地騰身出

圖 3-5-15 圖 3-5-16

圖 3-5-17　　　　　　圖 3-5-18

右邊腿反擊。如失衡倒地，可用雙手臂（屈肘）和左大腿外側著地。

12.雙方對戰，對手突然用右邊腿攻踢我心腹部；我快速應對，用右手向裏磕化來腿，接著左腳後跳撤步，同時身體左後轉一周，以凌空右飛邊腿狠踢其頭頸要害（圖3-5-17、18）。

　　要點：破化腿準確、有力，轉身靈敏，右飛邊腿快速，轉腰擺胯發力，雙手隨動，力達腳背。

13.雙方對戰，對手突然用右直拳攻打我頭部；我快速應對，用左手拍擊破化來拳，接著身體側移進步，以左低邊腿狠踢其前支撐腿膝內側，使之倒跌在地（圖3-5-19、20）。

　　要點：手、腳觸位準確有力，轉腰合胯發力，力達掌心和腳背，雙手隨動體前。移步要閃讓出對手倒跌的位子，以達到邊腿成功使用的目的。

155

圖 3-5-19

圖 3-5-20

14. 雙方對戰，對手突然用左高位側踹腿攻踢我頭部；我快速應變，用右邊腿向裏迎踢破化來腿，雙手自然擺動（圖 3-5-21）。

要點：破腿接位準確，轉腰上體側傾，合胯發力，力達腳背及脛骨處，雙手擺動與邊腿形成爭力。

15. 雙方對戰，我突然上提左腳下踏地面引誘對手注意

圖 3-5-21

力，接著我疾出右高邊腿狠踢其頭部，雙手隨動（圖 3-5-22、23）。

　　要點：假動作突然、逼真，出腿快捷有力、準確，轉腰合胯發力，力達腳背。

　　16.雙方對戰，對手突然用轉身左旋擺腿攻踢我頭部；我快速應對，側倒身體，以右邊腿踢擊其支撐腿膝窩，使之倒跌在地（圖 3-5-24）。

圖 3-5-22

圖 3-5-23

圖 3-5-24

圖 3-5-25　　　　　　　　圖 3-5-26

要點：雙手及左大腿外側觸地，倒跌自然快速，轉腰合胯發力，力達腳背。

17. 雙方對戰，我突然用右彈腿攻踢對手襠部，接著右腳不落地連出高邊腿狠踢其頭部，雙手體前擺動（圖 3-5-25、26）。

要點：雙腿踢位準確、連貫，轉腰擺腿合胯發力，力達腳背及腳尖。

18. 雙方對戰，我突然用左擺拳攻打對手頭部，對手屈肘外擋破化，接著我以左高邊腿補踢其頭頸處，雙手回收體前（圖 3-5-27、28）。

要點：擺拳果斷、有力，蹬地轉腰，合胯發力，拳、腿相連，緊密準確。邊腿如在對手屈臂防守擺拳後下落之時出擊，則效果更佳。

19. 雙方對戰，對手突然用轉身右鞭拳攻打我胸部；我快速應對，側上左步進身，以右邊腿迎踢其腰肋要害，雙手隨擺回護（圖 3-5-29）。

武術實用技法精粹

圖 3-5-27

圖 3-5-28

圖 3-5-29

　　要點：移步快穩，邊腿準確、有力，轉腰合胯發力，力達腳背及脛骨處，左腳扣趾抓地。

　　20.雙方對戰，對手突然用右手抓推我胸衣；我快速應對，順勢後撤右腳，雙手鎖擒其右手臂，同時以左低邊腿狠踢對手右膝外側，使之跌倒在地（圖 3-5-30、31）。

　　要點：鎖臂、扣腕、壓肘牢固有力，撤步邊腿協調，

圖 3-5-30

圖 3-5-31

轉腰合胯發力，力達腳背和雙手。

（六）撩腿技法

撩腿，又稱蹶子腿、後撩腿、鴛鴦腿，是北派武術獨特的腿技。在實戰對搏中無論是遠距離還是近距離，均可出腿踢擊對手，同時踢擊點上可至腰腹、胸背、頭面，下可至小腿脛骨、膝關節、襠部等，擊打方法多樣，內容豐富。

後撩腿出腿多以轉身背向出招，極具隱蔽性，很容易使對手麻痹大意，上當受騙。根據實戰情況，後撩腿可分為直膝後撩和屈膝後撩兩種，其著力點有腳後跟與腳前掌之別。

此外，出腿時，上體宜與地面成 150°後撩，以求動作穩定和出腿力道與速度的最佳發揮。

後撩腿對戰時講究眼要明、膽要壯、氣要順、力要足、招要快、身要活、步要穩、手要合等。

圖 3-6-1　　　　　　　　圖 3-6-2

1.雙方實戰，對手突然用右中位邊腿攻踢我腰肋；我快速應變，身體左轉，用右腿屈膝上提內阻破化來腿，接著右腿不落地連出右後撩腿狠踢對手襠部，雙手隨動（圖3-6-1、2）。

要點： 提膝阻腿準確、有力，轉身向上擺腿發力，後撩快速，勁力通透，力達腳底，支撐腳扣趾抓地。

2.雙方實戰，對手突然用右直拳攻打我面門；我快速應變，身體右轉閃避來拳，同時以左後撩腿狠踢對手下頜，雙手回護體前（圖3-6-3）。

要點： 轉身及時、快速，上擺腿

圖 3-6-3

有力，勁力通透，力達腳底，支撐腳扣趾抓地。

3.雙方實戰，我突然用右裏合腿猛踢對手頭部，對手快速下潛身體避化，接著我右腳落地速以右後撩腿狠踢其下頜，雙手自然擺動（圖3-6-4、5）。

要點：右腿連踢快速、緊密，轉身上擺腿發力，勁力通透，力達腳底，支撐腳扣趾抓地。

圖 3-6-4

圖 3-6-5

4.雙方實戰，對手突然用右直拳攻打我頭面；我快速應變，用左挑手向上破化來拳，同時出左釘腿踢擊其右腿膝脛處，接著身體右轉左腳不落地速以左後撩腿狠踢對手心腹，右手上擺維持身體平衡（圖3-6-6、7）。

要點：挑手、釘腿上下一致，準確有力，轉腰向上擺腿發力，撩腿快速，勁力通透，力達腳跟，支撐腳扣趾抓地。

圖 3-6-6

圖 3-6-7

5.雙方實戰，我突然進身用右勾踢腿攻擊對手前腿腳跟，對手快速提膝閃避，接著我右腳不落地連出右後撩腿狠踢其頭部，雙手自然開合擺動圖3-6-8、9）。

　　要點：勾腿穩健，力達腳勾；撩腿變招快速、準確，轉腰擺腿有力，勁力通透，力達腳底，支撐腳扣趾抓地。

圖 3-6-8

圖 3-6-9

6.雙方實戰，對手突然用右邊腿攻踢我胸部；我快速應變，用右前蹬腿阻踢來腿破化，接著右腳下落，隨即向左轉身，以左後撩腿狠踢對手胸部，雙手隨勢擺動（圖3-6-10、11）。

要點：蹬腿阻踢準確、有力，後撩腿快捷，轉腰上擺腿發力，力達腳跟，支撐腳扣趾抓地，意念兇狠，勁力通透。

圖 3-6-10

圖 3-6-11

7. 雙方實戰，我突然用左彈腿攻踢對手腹部，當對手受擊上體前傾時，左腳下落，隨即身體右轉，以右後撩腿狠踢其頭頸，雙手前後擺動（圖3-6-12、13）。

要點：彈腿準確、快速，轉腰撩腿，上擺發力，勁力通透，力達腳底，左右腿緊密相連，支撐腳扣趾抓地。

圖3-6-12

圖3-6-13

8. 雙方實戰，對手突然用騰空左擺腿攻踢我頭部；我快速應變，上體左轉側傾閃避來腿，同時雙腳蹬地，身體騰空以右後撩腿攻踢其襠部，雙手前後擺動（圖3-6-14）。

要點：後撩腿果斷、準確，轉腰快速，右腿上擺發

圖 3-6-14

力，勁力通透，力達腳底，支撐腳牢固。

9. 雙方實戰，對手突然用右劈拳擊打我頭面；我快速應變，順勢向右轉身避化來拳，同時雙腿蹬地，身體騰空，以凌空右後撩腿猛踢其頭面（圖 3-6-15）。

要點：轉身及時，騰身靈敏、輕飄，右撩腿有力、準確，勁力通透。

圖 3-6-15

圖 3-6-16

10. 雙方實戰，對手突然從背後用抱雙腿摔將我摔跌在地，接著進步跨身至我背上連出右拳劈砸我後腦；我快速應變，雙手撐地，頭向側轉視，順勢出左腿屈膝後撩反踢其背、臀部，使之向前翻滾在地（圖 3-6-16、17）。

圖 3-6-17

要點：前跌時雙手撐地有力，後撩腿含身拱背屈膝發力，勁力通透，力達腳底，右膝跪地撐身。

11. 雙方實戰，我突然用右前掃腿攻踢對手腳跟，對手身體騰空閃躲避化，我隨即蹬地轉腰起身，以左後撩腿補踢其頭部，雙手前後擺動（圖 3-6-18、19）。

要點：蹲身前掃腿快速、有力，起身後撩腿連貫、準確，轉腰擺腿向上發力，勁力通透，力達腳底，支撐腳扣

圖 3-6-18

圖 3-6-19

趾抓地。

12.雙方實戰，對手突然從背後抓拉我肩部欲施拳技；我快速應變，順勢以右上拍掌、右後撩腿猛力反擊對手頭、襠部（圖 3-6-20、21）。

圖 3-6-20

圖 3-6-21

　　要點：拍掌、撩腿協調一致，上下相合出擊，勁力通透，準確有力，力達掌心和腳底，支撐腳扣趾抓地穩固。

　　13.雙方實戰，我突然用左擺拳擺擊對手頭部，對手快速向下潛身閃化，我隨即身體右轉，以右後撩腿狠踢對手胸部，雙手前後擺動（圖 3-6-22、23）。

　　要點：拳腿組合連貫、快速、有力，勁力通透，蹬地轉腰擺腿向上發力，力達腳底，支撐腳扣趾抓地穩固。

　　14. 雙方實戰，對手突然用左下劈腿劈擊我頭面；我快速應變，前上左步用左手臂向上架阻來腿破化，隨即身體左轉，雙手臂纏抱其腳，同時以右腿屈膝後撩狠踢對手襠部（圖 3-6-24、25）。

圖 3-6-22

圖 3-6-23

圖 3-6-24

圖 3-6-25

要點：架阻手臂有力、準確，纏抱腳及時牢固，且與後撩腿協調一致，蹬地屈膝，擺腿發力，勁力通透，力達腳底，支撐腳扣趾抓地穩健。

15.雙方實戰，我突然轉身用右後撩腿攻踢對手胸部，對手用右手臂向下攔截來腿破化，我隨即右腳落地左轉

身，以左後撩腿狠踢其頭部，雙手前後擺動（圖3-6-26、27）。

要點：左右後撩腿連貫緊密，一氣呵成，蹬地轉腰向上擺腿發力，勁力通透，力達腳底，支撐腳穩固。

16.雙方實戰，我突然轉身右鞭拳抽打對手頭部；對手用右手臂屈肘外格破化，隨之翻腕刁抓、纏制我手臂於背

圖3-6-26

圖3-6-27

圖 3-6-28   圖 3-6-29

後，同時進身用左手扣扳我下頜進行鎖控；我屈膝左後撩腿狠踢對手襠部（圖 3-6-28、29）。

　　要點：被鎖控時不要心慌，蹬地屈膝撩腿有力，力達腳跟，支撐腳穩固，意念兇狠，勁力通透。

　　17.雙方實戰，我突然用右前蹬腿搶攻對手胸部，隨即向左轉身，以左後撩腿踢擊其頭部，雙手隨動（圖 3-6-30、31）。

　　要點：蹬、撩腿連貫快速、準確有力，蹬腿轉腰發力，勁力通透，力達腳底，撩腿支撐腳穩固。

圖 3-6-30

圖 3-6-31

18.雙方實戰，我突然用凌空裏合腿踢擊對手頭部，對手快速向下潛身避化，接著我雙腳落地，隨即左轉身，以右後撩腿狠踢其心腹，雙手隨動（圖 3-6-32、33）。

要點：騰空裏合腿輕靈、敏捷，後撩腿快速、準確，蹬地轉腰擺腿發力，勁力通透，力達腳跟，支撐腳穩固。

圖 3-6-32

圖 3-6-33

圖 3-7-1

圖 3-7-2

（七）點腿技法

點腿是武術實用腿法之
一，出腿詭秘，專踢要害，屈
伸出腿無預兆，力貫腳尖，對
手若遭點腿踢擊，必致重傷而
敗北。

1.雙方對峙，我突然用左
低勾腿攻踢對手前支撐腿，對
手提腿閃化，我隨即以左點腿

圖 3-7-3

狠踢其咽喉要害，雙手隨動體前（圖 3-7-1、2）。

要點：勾、點腿連環快捷，準確有力，展胯發力，勁
力通透，力達腳尖。

2.雙方對峙，對手突然用右直拳搶打我面部；我疾用
右手向外刁抓來拳腕部，同時以右點腿狠踢其襠部要害，
左手回護體前（圖 3-7-3）。

要點：刁抓準確有力，右手後拉與右點腿前踢形成爭力，右腿由屈到伸直膝發力，勁力通透，力達腳尖。

圖 3-7-4

3. 雙方對峙，對手突然轉身用右鞭拳抽打我頭部；我雙手臂快速屈肘向外拍擋來拳，同時以右點腿狠踢其右膝窩（圖 3-7-4）。

要點：拍擋準確，點腿快速，手、腳相合一致，勁力通透。

4. 雙方對峙，對手突然進身用左擺拳摜打我頭部；我快速潛身下閃避化，隨即以左點腿狠踢其肋窩要害，雙手隨動體前（圖 3-7-5、6）。

要點：潛閃及時，點腿快速，轉腰送胯發力，勁力通透，力達腳尖，支撐腳扣趾抓地。

圖 3-7-5

圖 3-7-6

5. 雙方對峙，對手突然用左側踹腿攻踢我胸部；我以右裏合腿破踢來腿，隨即右腳落地以左後點腿狠踢其後腰要害，雙手隨擺體前（圖3-7-7、8）。

要點：裏合腿截踢及時準確，轉身點腿快速，送胯展腹，勁力通透，力達腳尖，支撐腳外展抓地。

6. 雙方對峙，對手突然用右劈拳砸擊我頭面；我用十

圖 3-7-7

圖 3-7-8

字手上架破化，隨之翻腕抓拉其手腕，同時以右點腿狠踢其腋窩要害（圖3-7-9、10）。

要點：架拳準確有力，翻腕抓拉快速，雙手後拉與點腿前踢相合一致，轉腰送胯發力，勁力通透，力達腳尖。

7. 雙方對峙，對手突然用右彈腿攻踢我襠部；我用十字手向下拍截來腿，隨即身體左轉180°，以左後點腿狠踢其頭面要害，雙手自然擺動體前（圖3-7-11、12）。

圖3-7-9　　　　　　　　　　圖3-7-10

圖3-7-11　　　　　　　　　　圖3-7-12

圖 3-7-13

圖 3-7-13

要點：拍截有力，撐腳轉腰快速，展腹直膝發力，勁力通透，力達腳尖。

8. 雙方對峙，對手突然用右邊腿攻踢我側肋；我疾速上提左腿擋化，隨即連用左點腿狠踢其襠部要害，雙手隨動體前（圖 3-7-13、14）。

要點：左腿攻防連貫快速，準確有力，轉腰送胯發力，勁力通透，力達腳尖。

9. 雙方對峙，我突然用右後撩腿攻踢對手襠部，對手雙手向下封拍破化，我隨即左轉身體以左後點腿狠踢其面門，雙手前後擺動（圖 3-7-15、16）。

圖 3-7-15

圖 3-7-16

要點：左、右腿連環快速，準確有力，轉腰展胯發力，力達腳跟及腳尖，勁力通透。

（八）釘腿技法

釘腿屬武林怪腿範疇，與常見的實用腿技相比，更具隱蔽性和攻擊性。它以腳尖為力點，分直膝和屈膝擺踢兩種。

釘腿不論是主動搶攻還是防守反擊，其實戰效果俱佳，如果練習者能以「鐵腳功」輔助或腳穿尖頭硬質皮鞋運用釘腿，則會如虎添翼，收到「一腳定乾坤」之效。

1. 抓臂上釘頜

雙方交戰，對方突然用雙摜拳猛力擊打我頭側太陽穴；我快速用雙手臂屈肘外擋來招，隨之雙手向外纏抓對手左右手臂下拉，同時以右上釘腿猛踢其下頜要害（圖3-8-1）。

圖 3-8-1

圖 3-8-2

要點：擋臂有力準確，纏抓手由裏向外弧形下拉，與上釘腿形成爭力，屈膝上踢，力達腳尖，意狠力足，氣息自然。

2.抱摔下釘面

雙方交戰，對方突然用左直拳攻打我面門；我快速下潛身體，進步用雙手抱控對方大腿根部，隨之蹬地展身施過背

圖 3-8-3

摔將其摔跌在地上，然後速以左下釘腿狠踢對方面部要害（圖 3-8-2—4）。

要點：進身抱腿快速準確，下潛避拳及時，蹬地展腹，拋臂發力，力達雙手，釘腿快速有力。

圖 3-8-4

3. 截腿上釘襠

雙方交戰，對方突然用左邊腿猛踢我腰肋；我快速用右手臂向外下截破化來腿，同時起右上釘腿狠踢對手襠部要害（圖3-8-5）。

要點：手臂內旋截腿準確有力，釘腿快速兇猛，力達腳尖，膝部彎曲，左手隨護體前。

4. 架腳上釘腿

雙方交戰，對方突用左高位側踹腿猛踢我面部；我快速用雙手向上十字架托破化來腿，同時速以右上釘腿狠踢對方大腿根部（圖3-8-6）。

要點：架托來腿準確、穩固，釘腿直膝上踢，快速有力，力達腳尖。

圖 3-8-5　　　　　　　圖 3-8-6

5. 下釘腿踹腹

　　雙方交戰，對方突然用右直拳猛攻我頭部；我快速回縮身體閃避來拳，同時以右下釘腿猛踢對方前腳面，隨即連出右後側踹腿補擊其心腹要害（圖 3-8-7、8）。

　　要點：閃身及時，釘腿準確有力，轉胯沉身屈膝發

圖 3-8-7　　　　　　　圖 3-8-8

力，力達腳尖，踹踢連貫快
速，直膝展胯，力貫腳底。

6.撥拳橫釘肋

雙方交戰，對方突然用左
直拳攻打我面門；我快速後閃
上體，用右手向外撥攔破化來
拳，同時以右橫釘腿猛踢對方
側肋要害（圖3-8-9）。

圖3-8-9

要點：外撥拳準確快速，
橫釘腿兇狠，轉腰直膝釘腿，力達腳尖，右手、右腿呈橫
向內外對錯發力。

7.潛身橫釘膝

雙方交戰，對方突然用左擺拳摜打我頭部；我快速下
潛身體閃避，同時側上右步，以左橫釘腿狠踢對方前膝
（圖3-8-10、11）。

圖3-8-10

圖3-8-11

要點：潛身及時準確，釘腿轉腰擺胯，屈膝發力，力達腳尖。

8.蹬腹橫釘頭

雙方交戰，我突然用左蹬腿搶攻對方心腹處，對方快速用雙手下拍破化，我隨機應變，以右橫釘腿狠踢其頭部要害（圖3-8-12、13）。

圖 3-8-12

圖 3-8-13

要點：蹬、釘腿連貫協調，快速有力，雙手體前自然擺動，右橫釘腿直膝轉胯發力，力達腳尖。

圖3-8-14

9.閃步橫釘腰

雙方交戰，對方突然轉身右鞭拳抽打我頭部；我快速側上左步閃身，同時出右橫釘腿狠踢對方側肋要害（圖3-8-14）。

要點：借招搶攻及時準確，雙手自然擺動，轉腰直膝釘腿，力達腳尖。

10.鎖頸上釘頭

雙方交戰，對方突然從背後用雙手臂鎖夾頸部欲使我窒息；我順勢向後仰倒，左右手向下抱拉對方右手臂，同時以右上釘腿狠踢其頭部（圖3-8-15、16）。

要點：倒地及時，上釘腿準確，收腹擺腿，直膝發力，力達腳尖。

11.推面前釘腿

雙方交戰，對方突然用右直拳攻打我胸部；我快速用左掌下拍破化來拳，同時出右掌推擊對方面門，右前釘腿狠踢其前腿脛骨處（圖3-8-17）。

要點：攻防一致，手腳協調，推面準確有力，釘腿直膝快猛，力達腳尖。

圖 3-8-15

圖 3-8-16

圖 3-8-17

圖 3-8-18

12.拍腿上釘襠

　　雙方交戰，對方突然轉身用外擺腿攻踢我頭部；我快速應變，右腳向側閃步，右手拍擊破化來腿，同時出左上釘腿狠踢其襠部（圖 3-8-18）。

　　要點：拍腿及時準確有力，釘腿屈膝轉腰發力，力達腳尖。

三、腿踢技法

187

（九）劈腿技法

劈腿包括站式劈腿、凌空劈腿、地躺劈腿三大類，其中站式劈腿又分為正位劈腿、外位劈腿、裏位劈腿、轉身劈腿、翻身劈腿及連環劈腿等，本文所述劈腿內容均為站式劈腿。

1. 雙方對戰，我突然用右蹬腿猛踢對手心腹部，接著快速起左劈腿由外向裏至正前方狠踢對手頭部（圖 3-9-1、2）。

要點：蹬腿突然、準確，轉腰送胯發力，力達腳底，雙手體前自然擺動，保持平衡。劈腿時，活胯、伸膝、鬆踝，恰如一把巨斧由上而下劈落，同時身體前壓，將身體重量貫透至腳上。

2. 雙方對戰，我突然用右高彈腿向上猛踢對手面門，對手疾變招式，仰頭躲閃，我隨即順勢變右下劈腿向正前方狠踢其胸部（圖 3-9-3、4）。

圖 3-9-1

圖 3-9-2

要點：上彈、下劈腿法緊密快變，雙手體前自然擺動，保持平衡，呼氣發力快猛，力達腳尖和腳跟。劈腿下落時應整腿發力，且身體重心前壓，以增大踢擊效果。

3.雙方對戰，對手突然用右蹬腿攻踢我襠部；我疾速應變，出右橫擺腿阻攔破化來腿，隨之落步迅速轉身以左外下劈腿狠踢對手頭部（圖3-9-5、6）。

圖3-9-3

圖3-9-4

圖3-9-5

圖3-9-6

要點：阻截腿準確有力，落步轉身迅捷、穩定，雙手自然擺動；左劈腿向外斜下方發力，力達腳底。

4.雙方對戰，對手突然用右擺拳橫擊我頭部；我疾速應變，後移身體躲閃來拳，同時出右外下劈腿狠踢其頸部（圖3-9-7）。

圖3-9-7

要點：躲閃及時，起腿下劈快速、準確，力達腳跟，雙手體前自然擺動。

5.雙方對戰，我突然用右低邊腿猛踢對手前膝外側，接著右腿連出劈腿狠踢其頭頸部（圖3-9-8、9）。

要點：連環腿快速準確，邊腿裏胯發力，力達腳背；劈腿展胯，向外斜下方整腿快猛發力。力達腳掌，雙手隨動。

圖3-9-8

圖3-9-9

6. 雙方對戰，對手突然用右、左直拳連環狠打我面部；我疾速應變，用左、右拍壓手依次破化來拳，隨之連出右裏劈腿狠踢對手頭部（圖3-9-10—12）。

要點：防守準確、有力，反擊劈腿快起快落，大腿帶動小腿整體發力，力達腳底。

圖3-9-10

圖3-9-11

圖3-9-12

7. 雙方對戰，對手突然用右蹬腿攻踢我襠部；我疾速應變，用右腿屈膝上提裏磕破化來腿，隨之向上擺右腿，以連環下劈腿狠踢對手頭胸部（圖3-9-13—15）。

要點：屈膝破化及時、準確，上體稍左轉，雙手隨動；正前方下劈腿突然、連貫，整腿發力，力達腳底。

8. 雙方對戰，我突用右彈腿搶攻對手襠部，隨即以左下劈腿狠踢其頭部（圖3-9-16、17）。

圖3-9-13

圖3-9-14

圖3-9-15

圖3-9-16

圖 3-9-17

圖 3-9-18

要點：彈襠準確、有力，下劈腿直膝下擺，力達腳跟，勁力通透雙手隨動體前。左下劈腿應在對手上體受擊前傾之時出擊。

9. 雙方對戰，對手突然用右側踹腿攻踢我胸腹；我疾速應變，斜上右步進身閃避來腿，同時用左下劈腿狠踢對手頭、胸部，使之喪失戰鬥力（圖 3-9-18）。

要點：進步、閃身、劈腿快速連貫、準確有力，左腿直膝下擺，力達腳跟，雙手隨動。

10. 雙方對戰，對手突然用右直拳攻打我面門；我疾速應變，上體稍後移，右手向外刁抓回拉破化來拳，同時以右腿下劈對手頭頸處（圖 3-9-19）。

圖 3-9-19

圖 3-9-20　　　　　　　　圖 3-9-21

　　要點：刁手準確、有力，劈腿向外斜下方踢出，整腿發力，力達腳底。刁手回拉與下劈腿形成爭力，以增加踢擊力度。

　　11. 雙方對戰，我突然用正前位下劈左腿猛踢對手面門，對手後移閃化，我隨即以右下劈腿補踢其頭部（圖 3-9-20、21）。

　　要點：左、右劈腿緊密相連，快速而動，準確有力，整腿發力，力達腳底，雙手自然擺動。

　　12. 雙方對戰，對手突然轉身用右鞭拳抽擊我面門；我疾速應變，向右轉身，用雙手外拍掌破化來拳，同時出左下劈腿劈擊其後腦（圖 3-9-22）。

圖 3-9-22

圖 3-9-23　　　　　　圖 3-9-24

要點：防守動作準確、有力，劈腿向裏斜方向踢出，整腿發力，力達腳底。外拍時雙手順勢拍拉對手手臂，以防止其逃脫。

13. 雙方對戰，我突然用右前點腿搶先攻擊對手咽喉，對手用右手格擋破化，我隨之蹬地，身體騰空急變凌空左下劈腿狠踢其頭部（圖 3-9-23、24）。

要點：連環腿技要一氣呵成，凌空騰身輕靈，出腿準確、有力，雙手自然擺動。

（十）旋擺腿技法

旋擺腿即旋腿，又稱虎尾腿、轉身掃擺腿，是實戰中的高級腿法之一。在實戰中其腿法有以下優勢：第一，力道遒勁。旋擺腿是利用人體整體的重力加上弧線出腿的旋轉力，故力道兇狠、威猛。第二，出腿怪異。旋擺腿是在身體變向轉身的瞬間踢出，具有突然性、欺詐性，易使對手中招。第三，組技連發。高手使用旋擺腿，多以組合技

195

法匹配出招，如拳法假動作配旋擺腿、腿法連環配旋擺腿等，令對手顧此失彼，屢遭重創。

1.雙方對戰，我突然用右彈拳佯打對手面門，對手閃頭避化，我順勢左轉身以左旋擺腿狠踢對手頭部，手隨身動（圖3-10-1、2）。

要點：彈拳佯攻與旋擺腿虛實互變緊密相連，旋腿蹬地擰腳，轉腰轉頭，展胯擺腿發力，力達腳底。

2.雙方對戰，對手突然用右直拳攻打我頭部；我快速應變，出左側踹腿迎擊其胸部，隨即下落左腳，身體右轉，以右旋擺腿狠踢對手頭頸，雙手隨身體自然擺動（圖3-10-3、4）。

圖3-10-1

圖3-10-2

要點：側踹腿迎踢及時、準確，旋擺腿快速連貫、有力，蹬地轉腰展胯轉頭發力，力達腳底及腳跟，支撐腿穩健。

3.雙方對戰，對手突然用右邊腿橫踢我胸腹；我右腿提膝向內阻擋破化來腿，隨即右腳下落，身體左轉，以左旋擺腿狠踢對手頭頸，雙手隨身體自然擺動（圖3-10-5、6）。

圖 3-10-3

圖 3-10-4

圖 3-10-5

圖 3-10-6

要點：阻截腿準確、有力，旋擺腿快疾如風、連貫協調，收腹提膝，蹬地轉腰展胯擺腿發力，力達腳底。

4. 雙方對戰，我突然左轉身用左旋擺腿攻踢對手頭部，對手後移閃化，我隨即跟步轉身以右旋擺腿狠踢其頭部，雙手隨身體而動（圖 3-10-7、8）。

圖 3-10-7

圖 3-10-8　　　　　　　　　圖 3-10-9

要點：連環旋擺腿快速連貫，準確有力，蹬地轉腰展胯擺腿發力，力達腳底。運用此法要有良好的平衡控制能力，屬高級技法，不至精熟之境，切勿使用。

圖 3-10-10

5. 雙方對戰，我突然進步用右擺拳擺擊對手頭部，對手後移閃身避化拳攻，我隨即向左轉身，以左旋擺腿狠踢其背部，雙手隨腿自然擺動（圖 3-10-9、10）。

要點：拳、腿連招緊密、快捷，蹬地轉腰展胯擺腿發力，力達腳底及小腿後部。

6. 雙方對戰，對手突然起左劈腿搶踢我頭面；我快速

應變，身體左轉速出左旋擺腿破化其腿，雙手自然隨動（圖3-10-11）。

圖3-10-11

要點：見招打招，及時準確，轉身閃避來腿與旋擺腿踢擊協調一致，快速有力。

7. 雙方對戰，對手進身突然用右擺拳摜打我頭部；我身體重心後移，疾出左低旋擺腿狠踢對手前支撐腿膝外處，使之倒跌在地，雙手回護體前（圖3-10-12）。

要點：閃避來拳及時、準確，出腿快捷，力達腳底，支撐腿穩固。

圖3-10-12

8. 雙方對戰，對手突然用右手、左手直拳連環搶打我頭部；我快速應變，身體左轉，右腳向左腳前蓋步，以左旋擺腿閃化和踢擊其右、左直拳進攻，雙手隨動（圖3-10-13、14）。

要點：蓋步、旋擺腿協調敏捷，準確有力，蹬地轉腰

圖 3-10-13

圖 3-10-14

擺腿發力,力達腳底。

9.雙方對戰,對手突然轉身左旋擺腿攻踢我頭部;我快速應變,上體右傾閃避來腿,同時發左低旋擺腿狠踢其支撐腿膝窩處,使之倒跌在地,雙手隨動(圖 3-10-15)。

圖 3-10-15

要點：腿破腿錯位及時準確、有力快捷，右側傾展胯擺腿發力，力達腳底。

10. 雙方對戰，對手突然轉身以右鞭拳抽打我頭部；我快速應變，身體重心後移閃避來拳，同時以左旋擺腿狠踢其胸部，雙手隨動體前（圖 3-10-16）。

要點：閃身避拳、出腿踢擊一致協調，轉腰擺腿，力達腳底。

圖 3-10-16

圖 3-10-17　　　　　　　圖 3-10-18

11. 雙方對戰，對手突用左高邊腿攻踢我頭面；我快速應變，用雙手阻截破化來腿，隨即向右轉身，以右旋擺腿狠踢其頭頸，雙手隨動（圖 3-10-17、18）。

要點：雙前臂內側，阻截來腿，準確有力，蹬地轉腰展胯擺腿發力，力達腳底及小腿後部。

12. 雙方對戰，我突然用左拳佯攻晃打對手面門，對手側閃頭避化，我隨即左轉，以左低旋擺腿狠踢其左前支撐腿膝外處，雙手隨動（圖3-10-19、20）。

要點：左臂屈肘晃打逼真，腿攻準確有力，轉腰擺腿發力，力達腳底。

圖 3-10-19

圖 3-10-20

13. 雙方對戰，我突然用右彈腿搶攻對手襠部，對手疾速向後撤步閃躲，我右腳落地，隨即向左轉身，以左旋擺腿狠踢其頭部，雙手隨動（圖 3-10-21、22）。

要點：雙腿連貫快速、準確有力，一氣呵成，力發腰間，力達腳尖和腳底。

14. 雙方對戰，對手突然用右蹬腿踢我心腹；我用雙手

圖 3-10-21

圖 3-10-22

圖 3-10-23　　　　　　　圖 3-10-24

鎖抱來腿後拉破化，當對手回抽解脫右腳之際，我順勢向右轉身，以右旋擺腿狠踢其面部，雙手隨動（圖 3-10-23、24）。

　　要點：鎖抱腿準確、有力，旋擺腿順勢出招，旋腰擺腿展胯側身發力，力達腳底。

　　15. 雙方對戰，我突然用右旋擺腿攻踢對手頭部，對手疾速下潛身體閃躲，我落步左轉身，速以左低旋擺腿狠踢其前支撐腿膝窩處，使之倒跌在地，雙手隨動（圖 3-10-25、26）。

　　要點：連環旋腿快速有力、準確，蹬地、撐腳、轉腰、擺胯發力，力達腳底。

圖 3-10-25

圖 3-10-26

16. 雙方對戰，
對手突然用左高位正
蹬腿攻踢我面門，我
身體快速左轉，同時
以左旋擺腿破踢其
腿，雙手隨動（圖
3-10-27）。

　　要點：出腿時機
恰當，快速有力，轉
腰擺腿發力，力達腳
跟及小腿處。

圖 3-10-27

　　17. 雙方對戰，我進身突用左擺肘橫擊對手頭頸，對手
後移閃化，我隨即身體右轉，以右旋擺腿狠踢其頭頸，雙
手隨動（圖 3-10-28、29）。

　　要點：進身及時，肘擊有力，出腿快速、準確，蹬地
轉腰擺腿發力，力達腳底。

18.雙方對戰，我突然進身右勾腿踢擊對手前支撐腿腳踝，對手疾速上提腿破化，我下落右腳隨即左轉身以左旋擺腿狠踢其頭頸，雙手自然擺動（圖3–10–30、31）。

要點：勾腿有力，旋擺腿準確、兇猛，蹬地轉腰擺腿發力，力達腳跟及小腿處。

圖 3–10–28

圖 3–10–29

圖 3–10–30

圖 3–10–31

（十一）低位腿技法

　　低位腿，即進攻者出腿的高度不超過對手的襠位。這種腿技具有隱蔽性好、平衡性強、拆招換勢靈活和防守難度大等優點。低位腿技法就是在實戰搏擊中運用勾、掛、踩、戳、掃、踏、彈、撩、踹等多種不同的低位腿法，專門攻踢對手下盤根基，即腳、小腿、膝和襠等部位，從而使對手不能進身出招。

1.勾腿術

　　（1）雙方對搏，對手進身，突然以左直拳攻打我面部；我急速用右臂屈肘向裏拍擋來拳，同時以右勾腿狠踢其左腳跟，令其倒地（圖3-11-1）。

　　要點：拍擋準確，勾踢快速有力，轉腰發力，力達腳勾。

　　（2）雙方對搏，對手突然用左擺拳猛力摜打我頭部；我急速側進步下潛身體躲閃來拳，同時以左勾踢腿狠踢其左腳內側，令其倒地（圖3-11-2、3）。

　　要點：下潛閃身及時，勾踢快捷，力達腳勾。

圖3-11-1

圖 3-11-2　　　　　　圖 3-11-3

（3）雙方對搏，對手進身，突然用右、左連環直拳攻打我頭面；我急速用左右手向裏拍擋來拳，同時以左勾踢腿猛踢其前支撐腿內側，令其倒地（圖 3-11-4、5）。

要點：拍擊及時準確，蹬地轉腰合胯發力，力達腳勾。

圖 3-11-4　　　　　　圖 3-11-5

圖 3-11-6

圖 3-11-7

2. 掛腿術

（1）雙方對搏，對手突
然進身，用雙手抱控我上體
欲施摔技；我急速後撤右腳
將重心移至左腿，隨之右腳
由內向外掏掛對手左腿膝窩
處，同時雙手推擊其上體，
令其倒地（圖 3-11-6、7）。

圖 3-11-8

要點：掛腿要向後用
力，雙手向上掀猛力前推，彈抖發力。

（2）雙方對搏，對手突然用雙手抓拉我上體衣服欲施
膝技；我急速進身，用右腿由外向內掏掛對手左腿後膝窩
處，同時雙手切按其雙肘及胸部，令其倒地（圖 3-11-
8）。

要點：進身掛腿快速，下切、前推手法連貫，並與後

掛腿形成爭力，彈抖發力，意
氣合一。

3.踩腿術

（1）雙方對搏，對手上
步，突然用雙砍掌攻擊我頭頸
兩側；我急速用雙臂屈肘外擋
來掌，同時以右踩腿猛踩對手
的前腿膝部（圖3-11-9）。

圖3-11-9

要點：防守及時準確，出
腿快速有力，力達腳底。

（2）雙方對搏，我突然從對手背後進攻，用右手鎖控
其頭頸，左手抓拉其手腕，同時以右踩腿猛踩其左膝窩
處，接著右腳側落步，身體左轉，以別摔將對手摔倒在地
（圖3-11-10、11）。

要點：踩腿和別摔動作連貫快速，別摔時手腳同向發

圖3-11-10

圖3-11-11

圖 3-11-12　　　　　　　　圖 3-11-13

力，轉腰擰頭，一氣呵成。

4. 戳腿術

（1）雙方對搏，對手突然用右直拳攻打我面部；我急速用雙手疊托掌向上破化來拳，同時以右前戳腿猛踢對手脛骨（圖3-11-12）。

要點：上托掌和戳腿協調一致，及時準確，發力快猛，力達腳尖。

（2）雙方對搏，對手從背後突然用右直拳偷襲我後腦；我急速左轉身，左臂上架破化來拳，同時用右後戳腿猛踢其前腿脛骨（圖3-11-13）。

要點：架臂和戳腿準確有力，力達腳後跟，意致骨碎，呼氣出招。

5. 掃腿術

（1）雙方對搏，對手突然轉身，用左旋擺腿攻踢我頭

圖 3-11-14　　　　　　　圖 3-11-15

部；我急速下蹲，身體左轉，同時以右前掃腿猛掃其支撐
腿腳跟，雙手隨動，令其倒地（圖 3-11-14）。

要點：擰腰轉頭快速，發力快猛，力達腳勾，意氣相
合。

（2）雙方對搏，對手突然用右高側踹腿攻踢我頭部；
我急速下蹲身向右轉，同時以右後掃腿猛掃其支撐腿腳跟
處，雙手隨動，令其倒地（圖 3-11-15）。

要點：判斷及時準確，見招打招，轉腰擰胯，發力順
暢，力達腳後跟，意氣合一。

6. 踏腿術

（1）雙方對搏，對手突然進身，用右拍掌攻打我面
門；我急速用雙手交叉上架破化來掌，同時上右步，用右
踏腳向下猛踏其前腳面（圖 3-11-16）。

要點：手腳齊動，力意相合，下踏腳有力，力達前腳
掌。

圖 3-11-16

圖 3-11-17

（2）雙方對搏，對手突然從背後用雙手摟抱我欲施摔技；我急速上抬肘臂，同時以右踏腳向下猛踏其右腳面（圖3-11-17）。

要點：踏腳快速有力，力達後腳跟，呼氣發力，意致骨碎。

7.彈腿術

圖 3-11-18

（1）雙方對搏，對手突然用右邊腿猛踢我側肋；我急速以左彈腿狠踢其襠部，雙手隨動體前（圖3-11-18）。

要點：起腿及時準確，搶攻在先，力達腳尖，快速剛猛。

（2）雙方對搏，對手突然用右擺拳攻打我頭側；我急速向右側閃身，同時以左腳裏彈腿猛踢其前支撐腿內側，

圖 3-11-19　　　　　　圖 3-11-20

令其倒地，雙手隨動（圖 3-11-19）。

　　要點：避拳、踢腿及時準確，發力快猛，力達腳面，擰腰轉胯，意氣相合。

　　（3）雙方對搏，對手突然用右直拳攻打我面部；我急速用右手外擋來拳，同時左腳向側閃步，右腿屈膝外彈猛踢對手右膝窩處（圖 3-11-20）。

　　要點：接招準確，外彈快猛，力達腳外側，意氣相合。

8. 撩腿術

　　雙方對搏，對手從我身後突然用右手抓拉我肩部欲施拳技；我急速上抬右臂，同時以右後撩腿猛踢其襠部（圖 3-11-21）。

圖 3-11-21

圖 3-11-22

要點：隨機而變，轉腰發腿，快猛有力，力達腳跟，意氣相合。

9. 踹腿術

雙方對搏，對手突然用右踹腿攻踢我胸部；我急速用右手向上托架，同時以右低踹腿狠踢其支撐腿膝窩處（圖 3-11-22）。

要點：攻防協調一致，發力快猛，轉腰展胯，意氣相合，力達腳底。

（十二）高飛腿技法

高飛腿技法在搏擊實戰中屬高級技法，具有一定的難度，能運用此技者，必須擁有「三高」，即高體能、高膽力、高技巧，以凸顯飛腿之威力。飛腿技法具有諸多優點，首先，在氣勢上爭得先機，可取得威懾對手膽魄之功效；其次，飛腿招式奇異、突然、隱蔽，令對手防守自護

圖 3-12-1

圖 3-12-2

圖 3-12-3

困難；第三，飛腿力量巨大，加上專攻對手頭面、胸背等人體要害，制勝效果特別明顯；第四，克服了矮小體型者對付高大對手時出招的局限性。

1. 雙方開打，我突然用左彈腿猛力搶攻對手襠部，隨之雙腳蹬地，雙手體前自然擺動，身體騰空以右飛彈腿狂踢其面部（圖 3-12-1—3）。

要點：彈腿準確連貫，快速有力，力達腳尖；蹬地凌空敏捷，提氣頂頭，大、小腿折疊彈射爆脆。

2. 雙方開打，我突然向右後方轉身，用右外擺腿猛力反擊從背後偷襲我的對手頭部，對手下潛身體閃躲，我隨即蹬地縱身以左飛彈腿狂踢其咽喉，雙手體前自然擺動

三、腿踢技法

217

（圖3-12-4、5）。

　　要點：擺腿與飛彈快速緊密，蹬地騰身輕靈，轉腰發力，折腿彈射爆脆，力達腳尖。

　　3.雙方開打，對手突然進身，用右劈拳狠力打擊我頭面要害；我隨機應變，用雙架手向上破化來拳，隨之雙腳蹬地身體騰空，以雙側踹腿飛踢其胸部，雙手自然擺動（圖3-12-6、7）。

圖3-12-4

圖3-12-5

圖3-12-6

圖3-12-7

要點：架手準確、快速，騰身突然、果斷，反擊時借對手回抽手臂和胸部出現空當進招，轉腰展胯發力，力達雙腳底。

4. 雙方開打，我突然進身，用雙手抓控對手肩頸，同時向右前上方斜頂膝狠撞其心腹要害，接著雙腳蹬地身體騰空，以左飛劈腿狂踢對手頭面，雙手體前自然擺動（圖3-12-8、9）。

要點：抓肩、頂膝形成合力，送胯轉腰，力貫膝部；雙腿用力蹬地，騰空輕靈高飄，飛劈腿直腿向下擺落，力達腳跟或腳前掌。

5. 雙方開打，我突然用右低邊腿猛踢對手前腿膝窩處，接著雙腿蹬地身體騰空，以右飛側踹腿狂踢其頭頸要害，雙手自然擺動（圖3-12-10、11）。

要點：邊腿搶攻突然、準確，裏胯扣膝發力，力貫腳背；蹬地騰身輕靈、敏捷，借對手受擊身體失衡時連擊飛踹，直膝展胯發力，力達腳底。

圖 3-12-8

圖 3-12-9

圖 3-12-10　　　　　　　　圖 3-12-11

6. 雙方開打，對手突然用右橫擺拳摜打我頭部；我疾速下潛身體閃避，接著雙腳蹬地身體騰空，以右外飛擺腿狠踢其頭頸要害處，雙手自然擺動（圖 3-12-12、13）。

要點： 下潛身體及時、準確，騰身輕靈、高飄，外飛擺腿要借對手擺拳之力順勢踢去，以增加打擊效果，轉腰展胯，擺腿發力，力達腳外側。

圖 3-12-12　　　　　　　　圖 3-12-13

7.雙方開打，對手突然用右高邊腿猛踢我頭部；我急速上右步，用雙手臂向外拍擋破化來腿，接著借對手回落腿之際，雙腳蹬地，身體騰空，以左外飛擺腿狠踢其頭部，雙手隨擺（圖3-12-14、15）。

要點：拍擋手臂準確、有力，同時肌肉緊縮以增加對抗力；飛擺腿快速、兇猛，擰腰、轉頭、展胯、擺腿協調一致，力達腳外側。

8.雙方開打，我突然快提左腳下踏地面以誘引對手注意力，接著雙腳蹬地身體騰空，以右飛邊腿狠踢其頭部，雙手自然擺動（圖3-12-16、17）。

要點：左腳假動作突然，騰身高飄，右飛邊腿轉腰合胯，裹膝射腳發力，力達腳背及脛骨。

圖3-12-14

圖3-12-15

武術實用技法精粹

圖 3-12-16

圖 3-12-17

9.雙方開打，對手突然用右直拳攻打我面門；我急速用右手向外弧形刁抓來拳腕部後拉破化，同時借其回拉手臂之際，以右飛腿狠踢對手頭部（圖 3-12-18、19）。

要點：刁抓拳、腕準確、有力，飛邊腿應順勢連踢，左手回護胸前，右手抓控牢固，轉腰合胯發力，力達腳背及脛骨處。

圖 3-12-18　　　　　　　　　圖 3-12-19

10. 雙方開打，對手突用右低邊腿攻踢我前腿；我急速後移重心，用右蹬腿阻擊破化來招，隨之雙腳蹬地身體騰空，以左飛旋擺腿狠踢其頭部，雙手自然擺動（圖 3-12-20、21）。

要點：蹬阻腿快速準確，飛旋擺腿高飄、兇猛，上體稍前傾以增加左腿擊打距離，展胯直膝發力，力達腳後跟或腳前掌。

圖 3-12-20

圖 3-12-21

11. 雙方開打，對手突然進身，用右勾腳破踢我前支撐腿腳跟；我急速順勢騰身破解來招，同時以右飛劈腿狂踢對手面部，雙手自然擺動（圖 3-12-22、23）。

要點：騰身及時、高飄，劈腿準確，左右轉胯順暢，低頭、收腹，直腿下擺，力達腳底或腳跟。

12. 雙方開打，對手突然用右直拳攻打我頭部；我隨機

圖 3-12-22

圖 3-12-23

圖 3-12-24

應變，雙腳蹬地，身體左轉，用右後飛撩腿攻踢對手頭面要害（圖 3-12-24）。

要點：出腿準確，及時有力，騰空輕飄，轉腰挑胯發力，力達腳底。

13.雙方開打，我突然用右下掃蹚腿踢擊對手雙腳跟，對手急速應變縱身閃躲，我隨即雙腳蹬地身體騰空，用左飛點腿狠踢其咽喉要害，雙手自然隨動（圖 3-12-25、26）。

要點：蹲身轉腰掃踢與凌空飛點腿緊密相連，一氣呵成，騰身輕飄，轉頭伸膝，直線出腿，力達腳尖。此招主要運用上下雙層協同進攻，常會使對手顧此失彼。

圖 3-12-25

圖 3-12-26

14.雙方開打，對手突然用右邊腿猛踢我頭部；我急速用左外擺腿破踢其進攻，接著雙腳蹬地身體騰空，以雙飛蹬腿狂踢其胸部，雙手自然擺動（圖 3-12-27、28）。

要點：外擺腿攔阻準確、有力，展胯轉腰發力，力貫腿外側；飛蹬腿快速連貫，直膝展腹，力達腳底。

15.雙方開打，對手突然用右飛邊腿攻踢我胸部；我急

圖 3-12-27

圖 3-12-28

圖 3-12-29　　　　　　　　圖 3-12-30

速應變，雙腳蹬地身體騰空，右腿屈膝上擺向內破化來腿，同時身體向左轉動連出左飛側踹腿補踢其胸部，雙手自然隨動（圖 3-12-29、30）。

要點：擺膝準確、及時，飛踹快連，一氣呵成，直膝展胯發力，力達腳底，轉腰、擺頭一致，意氣力同合。

（十三）地躺腿技法

地躺腿屬奇招怪技，在搏擊中有出奇制勝、一腿定乾坤之效。因地躺腿不同於常規實戰的打鬥方法，所以用作攻擊技法，常常會令對手茫然不知所措。加之出招多踢擊對手下盤根基及要害部位，技法異常兇狠，故熟精此技，不論是被動倒地，還是主動倒地，都會瞬間制勝對手。

練習地躺腿技，需要有吃苦精神，因為這種技法是在跌、撲、滾、翻中施展技術，難免會受一些皮肉之苦，若沒有果敢品質和吃苦精神，則修成此技甚難。此外，尚須有良師傳授和科學訓練，才能盡顯地躺腿之精妙。

使用地躺腿應遵循「身圓」「點緊」「招變」「復立」幾點。「身圓」是指身體要順滑，走成圓形；「點緊」是指身體躺跌地面的支撐點要緊收肌力，以加強自我保護免受傷損；「招變」是指出腿用招應求變化，切不可一成不變，否則易被對手反擊；「復立」是指搏殺中運用地躺腿後要急速還原成站立式，以利於自我保護，也可使對手捉摸不透下一個用招意圖，造成對手防守的困難。

1.雙方對戰，我突然用右蹬腿搶踢對手腹部，對手受擊向後移位，我隨即順勢前滾翻側倒身體，以右側踹腿猛踢對手左膝（圖3-13-1、2）。

要點：蹬腿準確有力，滾翻快速自然，下頜內收，含胸團身，雙手臂自然拍撐地面，力達觸點。

2.雙方對戰，我突然失衡倒地，對手進身用左直拳擊打我頭部，我疾用右手向外刁抓破化來拳，同時以右側踹狠踢對手襠部（圖3-13-3、4）。

要點：刁手及時有力，右手與右腿前後形成爭力，側

圖3-13-1

圖3-13-2

圖 3-13-3　　　　　　　圖 3-13-4

踹展胯發力，力達觸點。

　　3.雙方對戰，對手突然用左高邊腿攻踢我頭部；我快速應變，向左側倒身閃化來腿，同時以右側踹腿狠踢對手右支撐腿膝部，使之倒跌在地（圖 3-13-5）。

　　要點：側倒身體自然、快速，雙手及左腿外側著地；側踹轉腰展胯發力，力達觸點。

圖 3-13-5

4.雙方對戰，對手突然用左直拳攻打我頭部；我疾速應變，側倒身體閃化來拳，同時以右勾腿狠踢對手前支撐腿，使之失衡倒跌在地（圖3-13-6）。

圖3-13-6

要點：側倒身及時快捷，雙手臂屈肘撐地，轉腰直腿發力，力達觸點。

5.雙方對戰，我突然從背後用雙手摟抱對手欲施摔技；對手疾速變招，俯身雙手合抱我右腿上拉將我摔倒，我順勢後倒身體，以左蹬腿猛踢其臀部，使之向前倒跌在地（圖3-13-7、8）。

要點：倒身自然，雙手拍地緩衝，展腹直膝發力，力達腳底。

圖3-13-7

圖3-13-8

圖 3-13-9

圖 3-13-10

6. 雙方對戰，相互纏抱，我突然借勢後倒身體，左右手回拉對手兩側肩臂處，同時左腳猛力上蹬其腹部，將對手經我體上方蹬跌倒地（圖 3-13-9、10）。

要點：後倒身體順勢自然，含頜圓背；雙手下拉與左腳上蹬形成合力，挺腹、直膝發力，力達觸點。

7. 雙方對戰，我突然用右劈拳搶攻對手面部，對手隨勢用挾臂過背摔反擊，將我摔倒在地，我疾用右上蹬腿猛踢其面部（圖 3-13-11—13）。

要點：倒地閉氣，蹬腿快速、準確，挺腹、直膝發力，力達腳底。

圖 3-13-11

圖 3-13-12

圖 3-13-13

8. 雙方對戰，對手突然用右高劈腿攻踢我頭部；我快速應變，身體向右側倒地閃化來腿，同時以左掃腿猛踢其支撐腿，使之倒跌在地（圖 3-13-14）。

要點：側倒敏捷，雙手及右腿側面著地，轉腰擺腿發力，力達腳面。

9. 雙方對戰，我突然失衡倒地，對手跨蹲在我身上

圖 3-13-14

用右拳擊打我面門，我雙手護面，同時用右彈腿猛擊其臀部，使之向前翻滾倒地（圖 3-13-15、16）。

要點：護面及時，收腹、擺腿發力，力達腳面。

10. 雙方對戰，對手突然用左高邊腿攻踢我頭部；我疾速向左側倒，同時以右掃腿猛踢其支撐腿，使之失衡倒地

圖 3-13-15

圖 3-13-16

（圖 3-13-17）。

　　要點：身體左側著地及時，轉腰擺腿發力，力達腳面。

　　11.雙方對戰，我突然用右邊腿搶攻對手側肋，對手隨用接腿別摔將我摔倒在地；我順勢向右翻滾身體，同時用雙腿絞鎖其右腿，使之失衡倒地（圖 3-13-18、19）。

圖 3-13-17

圖 3-13-18

圖 3-13-19

　　要點：倒跌自然，滾翻身快速，雙腿絞鎖牢固，合胯轉腰發力，力達觸點。

　　12.雙方對戰，我突然失衡倒地，對手速用右下蹬腿攻踢我面部；我疾用左外擺腿攔截來腿，隨即身體左轉，雙手撐地以右踹腿狠踢對手襠腹（圖 3-13-20、21）。

　　要點：擺腿攔截及時準確，翻轉身體敏捷，直膝展胯發力，力達腳底。

圖 3-13-20

圖 3-13-21

13.雙方對戰，對手突然將我推倒在地，用右掌劈打我
頭部；我疾用十字雙手刁抓來腕，同時上體向左移，用
左、右腳攀絞對手肘關節（圖3-13-22、23）。

要點：抓腕準確有力，雙手下拉與雙腳上絞形成爭
力。

14.雙方對戰，我失衡倒地，對手突然進身用雙手鎖掐
我脖頸；我用雙手臂向內夾推其左、右肘關節，同時以右
下劈腿狠擊對手頭頸部（圖3-13-24、25）。

圖 3-13-22

圖 3-13-23

圖 3-13-24

圖 3-13-25

圖 3-13-26

圖 3-13-27

要點：夾推肘有力，劈腿準確、快速。

15. 雙方對戰，對手突然用左邊腿攻踢我頭部；我身體速向左側倒地閃化來招，同時以右掃腿狠踢對手右支撐腿，使之失衡倒地，我隨即連出右下劈腿補踢其襠腹（圖 3-13-26、27）。

圖 3-13-28

要點：倒身快捷，掃、劈腿連貫有力。

16. 雙方對戰，對手突然潛身用抱單腿摔將我摔倒；我順勢後倒身體，雙手拍地緩衝，同時出左下劈腿狠踢對手頭部（圖 3-13-28、29）。

要點：倒身閉氣，拍地有力，含頜低頭，活胯擺腿發力，力達腳底。

圖 3-13-29

17.雙方對戰，我突然用右手搶抱對手前支撐腿，右肩前頂其膝關節順勢前滾翻，將其扳倒在地，隨即出右下劈腿狠踢對手襠部（圖 3-13-30、31）。

要點：右手與右肩應形成錯力，前滾翻突然、圓順，劈腿有力、準確，活胯擺腿發力，力達腳跟。

圖 3-13-30

圖 3-13-31

18.雙方對戰，我失衡倒地，對手突然出右低邊腿攻踢我面門，我疾用右裏合腿破化來招，隨即身體向右翻轉，雙手撐地，以左擺腿狠踢其腹肋（圖 3-13-32、33）。

要點：裏合腿攔截準確，擺腿快速、有力，轉腰擺胯發力，力達腳底。

19.雙方對戰，對手突然出左側踹腿攻踢我右膝處；我順勢右膝跪地，雙手撐地，上體左翻，以左擺腿狠踢對手後腰部（圖 3-13-34、35）。

圖 3-13-32

圖 3-13-33

圖 3-13-34

圖 3-13-35

要點：跪撐地穩固，轉腰擺腿發力，力達腳跟。

20. 雙方對戰，對手突然出左高邊腿攻踢我頭部；我疾速向對手右側方以右團身滾翻閃化來招，同時以左擺腿掃踢對手支撐腿，使之失衡倒地（圖 3-13-36）。

要點：側滾翻敏捷，擺腿有力、準確。

圖 3-13-36

21. 雙方對戰，我突然用左側踹腿攻踢對手胸部，對手隨用接腿涮摔將我摔倒，我順勢雙手撐地，身體向右翻轉以右擺腿掃踢其頭部（圖 3-13-37、38）。

要點：倒地順然，轉身擺腿準確有力，力達腳底。

圖 3-13-37

圖 3-13-38

22.雙方對戰，對手突然用雙手鎖擒我右臂下壓；我順勢跪步向右側翻身破化來招，同時以左擺腿狠踢對手軟肋，使之失衡倒地（圖 3-13-39、40）。

要點：側翻身自然快速，轉身擺腿準確有力，力達腳跟。

圖 3-13-39

圖 3-13-40

四、肘擊技法

　　拳語有：「遠用手，近用肘，貼身靠打情不留」「一寸短，一寸險」「寧挨十手，不挨一肘」「肘技威力強，挨上真夠戧」等，這些都詮釋了肘技是近身搏戰的犀利武器，它有著無與倫比的威力。肘是人體前臂與上臂連接向外突出的部位，其著力點分上肘、下肘、裏肘、外肘、肘窩、肘尖6個部位。

　　肘技在近身搏戰中具有出招線路短、招式毒辣兇猛、靈活多變、隱蔽性好、殺傷力大等諸多優點。肘部堅硬銳利，攻守兼備，專打人體要害部位，搏戰時既可單肘獨發，起到「一肘定乾坤」之效，也可組肘連發，招密如驟雨，狂攻猛打，令對手一敗塗地；同時也可組合拳、腿、膝、摔、拿、跌等技法互用互變，屢建奇功。

　　肘擊技法有兩部分內容，一是出肘要旨，二是肘技實用法。

（一）出肘要旨

　　1.肘技發力時採用扭絲勁，即發力先從足起，傳於腰間，扭身晃膀，轉腰送肩，直達肘部，周身發出一種抖勁。

　　2.步法、肘法配合協調一致，進身移步講求快、準、穩。

3.出肘時鬆肩、鬆手，力貫肘部，呼氣出肘，意念兇狠。

4.出肘時要敢於進身實戰，以培養實戰膽量，要有大無畏的精神和必勝的信念。

5.搏戰時要有敏銳的洞察力，隨機應變，實施合理的技、戰術，把握好角度、距離、落點等一系列要素，從而獲得良好的肘擊效果。

6.精修適合自己身心條件的拿手肘技，在實戰中才能所向披靡，克敵制勝。

(二)肘技實用法

1.頂肘

(1)抓腕頂胸

雙方對搏，對手突然用左直拳攻打我頭部；我急速用左手弧形向外刁抓來拳腕部，同時上體左轉，右腳向前上步，以右頂肘猛力頂擊對手胸部（圖4-2-1）。

要點：抓腕準確，頂肘兇狠，蹬地轉腰發力，力達肘尖。

(2)彈襠頂面

雙方對搏，我突然用左彈腿猛踢對手襠部，當對手受擊上體前傾時，我急速落步以左頂肘攻打其面部（圖4-2-2、3）。

圖4-2-1

要點：彈襠準確快速，進步、頂肘協同一致，蹬地轉腰發力，力達肘尖。

(3)絞肘頂頸

雙方對搏，對手突然從背後用左手抓拉我右肩欲施打技；我急速右轉腰，用右肘由前向後圓形絞壓對手手臂，隨之我右腳側進步連出右側頂肘猛擊對手頸部（圖 4-2-4、5）。

圖 4-2-2

圖 4-2-3

圖 4-2-4

圖 4-2-5

要點：絞肘準確快速，轉腰發力，步到肘到，協調一致，力達肘尖。

(4)雙肘頂肋

雙方對搏，對手突然從背後雙手摟抱我上體欲施摔技；我身體急速下沉用雙頂肘向後猛擊對手肋部（圖4-2-6）。

圖4-2-6

要點：沉身、頂肘一致有力，鬆肩鬆手，力達肘尖。

(5)拍腿頂心窩

雙方對搏，對手突然用左蹬腿攻踢我腹部；我急速用左掌下拍破化來腿，隨之上右步側轉身出右頂肘猛擊對手心窩處（圖4-2-7、8）。

要點：拍腿準確，上步、頂肘上下一致，蹬地轉腰，發力短促，力達肘尖。

圖4-2-7

圖 4-2-8

2. 擺肘

(1)擋掌擺頸

雙方對搏，對手突然用右砍掌攻擊我頸部；我急速用左臂屈肘向外破擋來掌，同時以右擺肘橫向猛力擊打對手頸部（圖4-2-9）。

圖 4-2-9

要點：擋掌及時準確，蹬地轉腰送肩發力，力達上肘。

(2)潛身擺心窩

雙方對搏，對手突然用右擺拳攻打我頭部；我急速側上左步，身體下潛閃躲破化來拳，同時以右擺肘猛力橫擊對手心窩處（圖4-2-10）。

要點：潛身及時準確，蹬地轉腰發力，力達上肘。

圖 4-2-10 　　　　　　　　　圖 4-2-11

(3)破摔擺頭

雙方對搏，對手突然進身用雙手摟抱我前支撐腿欲施摔技；我急速右轉腰上體前俯，以左擺肘猛力橫擊對手頭部（圖 4-2-11）。

要點：右腿用力抗摔，擺肘準確，轉腰發力，力達上肘。

(4)擋拳擺後腦

雙方對搏，對手突然轉身用鞭拳抽打我面部；我急速進身用左臂屈肘外擋來拳，同時以右擺肘猛力橫擊對手後腦（圖 4-2-12）。

要點：進步、擋拳、擺肘一氣呵成，快速有力，蹬地轉腰發力，力達上肘。

圖 4-2-12

(5) 扣臂擺頭

雙方對搏，對手突然進身用雙手抓拉我肩部欲施膝技攻我襠部；我急速搶攻用左手橫臂向下扣壓對手肘窩處，同時右擺肘猛力橫擊其頭頸處（圖4-2-13）。

圖 4-2-13

要點：扣壓準確有力，蹬地轉腰發力，力達上肘。

(6) 抱腿摔擺頭

雙方對搏，我突然進身雙手摟抱對手雙腿後拉，同時右肩前頂對手腹部將其倒地，隨之我急速跨騎於對手身上，以右擺肘猛擊其頭部，左手合力控制其頭另一側（圖4-2-14、15）。

要點：抱摔果斷，準確有效，騎身敏捷，俯身蹬地轉腰發力，力達上肘。

圖 4-2-14

圖 4-2-15

3.挑 肘

(1)壓拳挑頜

雙方對搏，對手進身突然用右勾拳抄打我腹部；我急速用左掌下壓破化來拳，同時以右挑肘猛力上擊其下頜處（圖4-2-16）。

要點：壓掌、挑肘協調一致，動作快速有力，蹬地轉腰發力，力達上肘。

(2)抓腕挑心窩

雙方對搏，對手突然用右直拳攻打我面部；我急速用左手弧形向外刁抓破化來拳，同時上右步側轉身以右挑肘猛力上擊對手心窩處（圖4-2-17）。

要點：抓腕及時準確，上步、挑肘協調一致，蹬地轉腰發力，力達上肘。

(3)扣手挑肘

雙方對搏，對手突然用左手抓拉我衣領欲施打技；我

圖4-2-16

圖4-2-17

圖 4-2-18

圖 4-2-19

急速用左手扣壓來手，隨即蹲身左轉身以右挑肘猛力上擊對手肘部（圖 4-2-18）。

要點：扣手、挑肘協調一致，快捷有力，轉腰發力，力達上肘。

(4) 跪步挑襠

雙方對搏，對手突然用右擺拳攻打我頭部；我急速前移跪步以右挑肘猛力上擊其襠部（圖 4-2-19）。

要點：跪步閃躲及時，挑肘準確有力，轉腰送肩發力，力達上肘。

(5) 打面挑胸

雙方對搏，我突然用右反背掌擊打對手面門，趁其後仰頭時，我急速跟左步以右上反挑肘狠擊其胸部，左手相合助力於右拳面（圖 4-2-20、21）。

要點：打面、挑胸連貫快速，準確有力，蹬地提肩發力，力達下肘。

圖 4-2-20

圖 4-2-21

4.掃肘

(1)抱臂掃頭

雙方對搏，對手突然從背後用雙手摟抱我腰部欲施摔技；我急速沉身抗摔，同時左轉腰以左掃肘狠擊對手頭部（圖4-2-22）。

圖 4-2-22

要點：沉身穩固，掃肘準確有力，轉腰發力，力達下肘。

(2)轉身掃頸

雙方對搏，我突然上右步插左腳，同時左轉身接近對手，以左掃肘猛力向後掃擊其頸部（圖4-2-23）。

要點：移步靈活快捷，轉腰甩頭發力，力達下肘。

圖 4-2-23

圖 4-2-24

(3)鎖腿掃胸

雙方對搏，對手突然用左手從背後抓拉我右肩；我急速順勢轉身用右腿鎖控對手前腿，同時以右掃肘向後狠擊對手胸部（圖4-2-24）。

要點：借力發肘，準確有力，掃肘、鎖腿上下一致，轉腰發力，力達下肘。

(4)掃肘破側踹腿

雙方對搏，對手突然用左側踹腿攻踢我頭部；我右腳在前不動急速左轉擰身270°，同時以左掃肘破化來腿（圖4-2-25）。

要點：轉擰身、掃肘一致協調，破腿接觸點在對手腳跟及小腿

圖 4-2-25

圖 4-2-26

圖 4-2-27

處，以橫掃肘破直踹腿準確有力，力達下肘。

(5)撥拳後掃腰

雙方對搏，對手突然用右直拳攻打我面部；我急速用左掌向裏橫撥破化來拳，同時右腳向左腳後撤步，身體右轉180°，以右掃肘猛擊對手後腰（圖 4-2-26、27）。

要點：撥拳準確快脆，轉身撤步靈活沉穩，轉腰發力，力達下肘。

5. 劈肘

(1)擋拳劈胸

雙方對搏，對手突然用右直拳攻打我胸部；我急速用左臂屈肘外擋破化來拳，同時進步以右劈肘狠擊其胸部（圖 4-2-28）。

要點：擋拳及時準確，進

圖 4-2-28

圖 4-2-29

圖 4-2-30

步劈肘一致協調，蹬地轉腰送肩發力，力達上肘，意氣力相合。

(2)截腿劈心窩

雙方對搏，對手突然用右邊腿攻踢我側肋；我急速進步用左手向斜下方截擊來腿，同時以右劈肘狠擊其心窩（圖4-2-29）。

要點：截腿、劈肘協調一致，快速有力，轉腰發力，力達上肘。

(3)壓拳劈頭

雙方對搏，對手突然用右勾拳抄打我腹部；我急速用左拳下壓破化來拳，同時以右劈肘狠擊對手頭部（圖4-2-30）。

要點：壓拳準確有力，劈肘快速兇猛，轉腰發力，力達上肘。

(4)扣腕劈肘

雙方對搏戰，對手突然用雙手抓拉我胸部欲施膝技；

圖 4-2-31

圖 4-2-32

我急速搶先用左手向下扣握對手雙手腕，同時向左轉腰，以右劈肘狠擊對手左肘處（圖4-2-31）。

要點：扣握手牢固，準確有力，劈肘快速，轉腰發力，力達上肘，意氣力相合。

6. 砸 肘

(1)抱腿砸膝

雙方對搏，對手突然用右邊腿猛踢我肋部；我急速用左手抄抱破化來腿，同時以右砸肘向下猛擊其膝部或大腿肌肉（圖4-2-32）。

要點：抱腿時側閃腰以緩解其腿的攻擊力，抱腿準確，砸肘有力，轉腰沉身發力，力達肘尖。

(2)踩膝砸頭

雙方對搏，我突然從對手背後用右踩腿猛踢其右膝窩，令其跪地，隨之我右腳側落步用右手摟抱對手頭部，同時以左砸肘向下狠擊其頭部（圖4-2-33、34）。

武術實用技法精粹

圖 4-2-33

圖 4-2-34

要點：踩膝準確有力，抱頸、砸頭同時，沉身墜肘發力，力達肘尖。

(3) 砸肘破腿

雙方對搏，對手突然用右彈腿攻踢我襠部；我急速沉身變跪步用右砸肘向下狠擊來腿破化（圖 4-2-35）。

要點：砸肘準確有力，沉身墜肘發力，力達肘尖。

(4) 彈襠砸後腦

雙方對搏，我突然用右彈腿猛踢對手襠部，當對手身體前傾時，我隨之躍身下落以左砸肘由上向下狠擊對手後腦（圖 4-2-36、37）。

要點：彈腿準確快速，躍身輕靈，沉身砸

圖 4-2-35

圖 4-2-36

圖 4-2-37

肘有力，力達肘尖，意氣力相
合。

7. 夾肘

(1)夾頸別摔

雙方對搏，對手突然用右
擺拳攻打我頭部；我急速用左
手外擋翻抓其前臂，同時向側
方上右腳別摔其支撐腿，以右
夾肘向下鎖制對手脖頸，令其
倒地（圖4-2-38）。

圖 4-2-38

要點：擋抓手臂及時準確，上步、別摔、夾肘協調一
致，轉腰發力，力達肘窩。

(2)纏臂夾肘

雙方對搏，對手突然用左手抓拉我右肩欲施打技；我
急速左轉身以右夾肘由後經前向上纏繞鎖別對手肘關節

圖 4-2-39

圖 4-2-40

（圖 4-2-39）。

　　要點：纏臂夾肘連貫快速，轉腰挺身發力，力達肘窩。

(3)抱腿夾膝

　　雙方對搏，對手突然用右邊腿攻踢我側肋；我急速左轉身用左手抱控來腿，同時以右夾肘別挫其膝部，令其倒地（圖 4-2-40）。

圖 4-2-41

　　要點：抱腿夾膝協調一致，快速有力，蹬地轉腰送肩發力，力達肘窩。

(4)抓腕夾肘

　　雙方對搏，對手突然用左直拳攻打我面部；我急速用左手刁抓下壓來拳腕部，同時向左轉腰，以右夾肘由下向上鎖別對手肘關節（圖 4-2-41）。

要點：抓腕準確有力，上夾肘與下壓手形成上下錯力，蹬地轉腰發力，力達肘窩。

8. 磕 肘

(1)磕肘破拳

雙方對搏，對手突然用右直拳攻打我面部；我急速用右磕肘向上破化來拳，同時左手回護下頜處（圖4-2-42）。

要點：磕肘準確有力，蹬地抬肩發力，力達外肘。

(2)磕肘破摔

雙方對搏，對手突然進身用雙手摟抱我前腿欲施摔技；我急速以右磕肘向下狠擊其後腦，令其倒地（圖4-2-43）。

要點：磕肘準確有力，沉身墜肘發力，力達內肘。

(3)拍拳磕頜

雙方對搏，對手突用右直拳攻打我心窩；我急速側轉身用左掌下拍來拳，同時以右磕肘向上狠擊其下頜處（圖

圖 4-2-42　　　　　　　圖 4-2-43

圖 4-2-44　　　　　　　　　圖 4-2-45

4-2-44）。

要點：拍拳、磕頜左右協調一致，快速有力，轉腰抬肩發力，力達外肘。

(4)晃面磕心窩

雙方對搏，我突然用左手晃打對手面部，隨之進身以右橫磕肘狠擊對手心窩處，令其倒地（圖4-2-45）。

要點：出招果斷，橫磕肘準確有力，蹬地轉腰發力，力達外肘。

9.格 肘

(1)格肘破拳

雙方對搏，對手突然用右直拳攻打我面部；我急速用右格肘橫破來拳，同時左手隨護體前（圖4-2-46）。

圖 4-2-46

圖 4-2-47　　　　　　　　圖 4-2-48

要點：格肘準確有力，轉腰發力，力達裏肘。

(2)抓腕格肘

雙方對搏，對手突然用左直拳攻打我心腹；我急速用左手向下抓拉來拳，同時身體左轉以右格肘狠擊對手肘關節處（圖4-2-47）。

要點：順勢轉腰及時，抓拳準確，格肘快速有力，蹬地轉腰發力，力達外肘。

(3)格肘踩膝

雙方對搏，對手突然用右直拳攻打我面部；我急速用左手格肘向裏破化來拳，同時以右踩腿狠踢其前腿膝部（圖4-2-48）。

要點：格肘、踩膝上下一致，轉腰發力，力達腳底和裏肘。

圖 4-2-49

圖 4-2-50

10. 錯肘

(1) 壓臂錯肘

雙方對搏，對手突然用右手抓拉我胸衣欲施打技；我急速用左手下壓其手臂，同時用右上錯肘狠擊對手肘關節（圖 4-2-49）。

要點：雙手發力一致，上下形成錯力，抬肩沉身發力，力達外肘。

(2) 錯肘破拳

雙方對搏，對手突然用左直拳攻打我胸部；我急速以左、右錯肘破化來拳（圖 4-2-50）。

要點：雙肘裏錯，快速一致，含胸裏背發力，力達裏肘。

(3) 錯肘破腿

雙方對搏，對手突然用右後蹬腿攻踢我腹部；我急速含身閃避，同時用右手上挑其膝部，左錯肘向下錯擊來腿

腳跟（圖4-2-51）。

　　要點：右手上挑與左錯肘協調一致，沉身弓背發力，力達右前臂和左肘處。

11. 撞肘

(1)架掌撞胸

　　雙方對搏，對手突然用右抹面掌攻打我面門；我急速用左臂屈肘上架破化來

圖4-2-51

掌，隨之上右步以雙橫撞肘向前猛力撞擊對手胸腹處，令其倒地（圖4-2-52、53）。

　　要點：架掌準確，撞肘快狠，蹬地拱背發力，力達上肘。

(2)擋掌撞心窩

　　雙方對搏，對手突然用右扇掌抽打我面部；我急速用

圖4-2-52

圖4-2-53

左臂屈肘外擋破化，同時上右步側轉身以右豎撞肘狠擊對手心窩處（圖4-2-54）。

要點：擋掌及時，撞肘快猛，蹬地轉腰發力，力達上肘。

圖4-2-54

12. 合肘

(1)合肘破摔

雙方對搏，對手突然進身用雙手摟抱我前腿欲施摔技；我急速以合肘狠擊對手脖頸處（圖4-2-55）。

要點：右腿用力抗摔，合肘快速準確，弓背沉身發力，力達裏肘。

(2)合肘擊頭

雙方對搏，對手突然用頭撞我胸部；我急速以合肘狠擊對手頭部（圖4-2-56）。

圖4-2-55

圖4-2-56

圖 4-2-57

要點：合肘準確有力，弓背沉身發力，力達裏肘。

(3)合肘蹬腹

雙方對搏，對手突然用右直拳攻打我面部；我急速含胸合肘破化來拳，同時出右蹬腿狠擊對手腹部（圖 4-2-57）。

要點：合肘準確有力，蹬腿快猛，力達腳跟和裏肘處。

武術實用技法精粹

五、膝頂技法

膝技在實戰中攻守兼備，技法奇特，威力無比，深得習武者偏愛。膝即大腿與小腿連接處，包括上膝、下膝、裏膝、外膝和髕骨關節面等幾個部分。

（一）膝技攻擊法

1. 上頂膝

成實戰姿勢站立，一腿屈膝向上提頂，腳尖繃展，力達上膝，雙手體前隨動，攻擊對手面部、後腦、胸腹、腋窩等要害部位。發力迅猛，呼吸自然，意識兇狠，目視對手。

（1）雙方對戰，我突然用左前蹬腿搶攻對手腹部，對手隨用雙手鎖抱我左腿，我疾速變招用雙手回摟下拉其頭頸，同時蹬地起跳以右上頂膝撞擊對手胸、面部（圖5-1-1、2）。

圖 5-1-1

圖 5-1-2

圖 5-1-3

圖 5-1-4

要點：摟頸有力，頂膝快猛、準確。

（2）雙方對戰，對手突然用右直拳攻打我胸部；我隨機應變，用雙手抓擰回拉其右手臂，同時以左上頂膝撞擊對手肘部（圖 5-1-3）。

要點：抓擰手臂有力，頂膝撞肘準確、兇狠。

（3）雙方對戰，對手突然用轉身左旋擺腿攻踢我頭部；我順勢疾速進步至其背後，同時用雙手封拍來腿，以左上頂膝撞擊對手襠部（圖 5-1-4）。

要點：進步敏捷，拍腿有力，頂膝準確。

2. 前沖膝

成實戰姿勢，一腿屈膝向前方沖擊，力達髕骨關節面，腳尖繃展，雙手體前隨動，攻擊對手心窩、後腰、襠部等要害部位。發力迅猛，呼吸自然，意識兇狠，目視對手。

（1）雙方對戰，我突然從對手背後偷襲，用右手向下

圖 5-1-5

圖 5-1-6

抓拉其頭髮，左手拍壓其肩部，同時以右沖膝猛攻對手後腰部（圖5-1-5）。

　　要點：抓拉頭髮有力，沖膝兇猛，手、膝配合一致，力達觸點。

　　（2）雙方對戰，對手突然用右手指捅戳我雙眼；我隨動應變，用左右手臂呈十字上架破化來招，同時以右前沖膝猛擊對手心窩要害（圖5-1-6）。

　　要點：架臂及時準確，仰身送胯發力，力達觸點，手膝同動。

　　（3）雙方對戰，對手突然用雙推掌攻擊我胸部；我順勢用雙手由內向外纏拉其雙手臂，同時以右前沖膝攻擊其襠部（圖5-1-7、

圖 5-1-7

圖 5-1-8   圖 5-1-9

8）。

　　要點：纏拉手臂借力發力，雙手後拉與右膝前沖形成合力，力達觸點。

3. 斜撞膝

　　成實戰姿勢，一腿屈膝斜向上撞出，腳尖勾起，力達上膝，雙手體前隨動，攻擊對手側肋、胸腹、頭部等部位。動作迅猛，呼吸自然，意識兇狠，目視對手。

　　（1）雙方對戰，對手突然用頭頂撞我胸部；我疾用雙手向下拍按其頭部，同時以右斜撞膝攻擊對手太陽穴（圖5-1-9）。

　　要點：拍按及時、有力，蹬地轉腰合胯發力，力達觸點。

　　（2）雙方對戰，對手突然用右直拳擊打我面部；我疾用雙手向後刁抓其手臂破化來拳，同時側進步，以右斜撞膝攻擊對手心窩要害（圖5-1-10、11）。

要點：抓臂準確、有力，上步蹬地轉腰，刁抓、送胯發力，力達觸點。

（3）雙方對戰，我突然用右前手彈拳攻打對手面門，對手快速後閃，出現中盤空虛，我隨即右側進步用左斜撞膝攻擊對手胸部（圖5-1-12、13）。

要點：彈拳、斜撞膝連貫，移步、轉腰、擺臂、出膝協調一致。

圖 5-1-10

圖 5-1-11

圖 5-1-12

圖 5-1-13

4.下跪膝

成實戰姿勢,一腿或兩腿屈膝向下跪擊,力達下膝,攻擊對手襠、胸腹、頭及關節等部位。雙手體前隨動,動作快速有力。意識兇狠,呼吸自然,目視對手。

(1)雙方對戰,對手突然用左邊腿攻踢我側肋;我隨動應變,用雙手接抱來腿,同時以左下跪膝攻擊對手膝關節處(圖5-1-14、15)。

要點:接腿準確牢固,跪膝快猛有力,沉身屈膝發力,力達觸點。

(2)雙方對戰,對手突然用右直拳攻打我面部,我疾動應變,下潛身體用雙手抱腿回拉,右肩前頂,將其摔倒,接著以右下跪膝砸擊其襠部(圖5-1-16、17)。

要點:潛身及時,抱腿後拉與前頂肩協調一致,跪膝沉身發力,力達觸點。

(3)雙方對戰,對手突然用右直拳攻打我胸部;我疾

圖5-1-14

圖5-1-15

圖 5-1-16

圖 5-1-17

右轉閃身，雙手順勢向後抓拉擰控對手手臂，同時用右腿掃踢其前支撐腿，使之身體失衡俯倒在地，隨即以左下跪膝砸壓對手肩關節（圖 5-1-18、19）。

　　要點：順勢抓拉和右腿掃踢協調一致，跪膝、壓肩準確有力。

圖 5-1-18

圖 5-1-19

圖 5-1-20

圖 5-1-21

5. 橫擺膝

成實戰姿勢，一腿屈膝上提橫向擺擊，力達裏膝，腳尖上蹺，雙手體前隨動。目視對手，呼吸自然，意念兇狠。專攻對手頭部、肋骨等處。

（1）雙方對戰，我突然出左前彈腿攻踢對手襠部，對手被擊身體前俯，我隨即左腳

圖 5-1-22

下落，用雙手抱按對手頭部，同時以右橫擺膝猛撞其頭側（圖 5-1-20、21）。

要點：彈腿快準，抱按頭、橫擺膝協調一致，蹬地轉腰合胯發力，力達觸點。

（2）雙方對戰，相互貼身摟抱時，我突然用右橫擺膝單擊或連擊對手側肋（圖 5-1-22）。

要點：擺膝突然，雙手摟抱與膝攻形成合力，力達觸點。

（3）雙方對戰，對手突然用轉身右鞭拳攻打我頭部；我疾用右手臂阻擋來拳，同時以右橫擺膝猛撞其側肋（圖5-1-23）。

要點：擋臂有力、準確，轉腰合胯發膝，力達觸點。

圖 5-1-23

6. 旋掃膝

成實戰姿勢，上體側傾，一腿屈膝水平轉體掃膝，膝的運行軌跡大於 90° 角。力達髕骨關節面，攻擊對手側肋、心窩、頭部等要害部位。雙手體前隨動，呼吸自然，意念兇狠。

（1）雙方對戰，對手突然從背後用右手抓拉我肩部；我順勢轉身，用右手格抓控制下拉其手臂，同時以左旋掃膝攻擊對手後腰（圖5-1-24、25）。

要點：轉身快捷，蹬地轉身旋腰發膝，力達觸點。

圖 5-1-24

圖 5-1-25

圖 5-1-26

（2）雙方對戰，對手突然用橫擺拳攻打我頭部；我順勢側閃身避化來拳，同時以右旋掃膝攻擊對手胸部要害（圖 5-1-26）。

要點：閃身及時，蹬地側傾身旋腰出膝，力達觸點。

（3）雙方對戰，對手突然進身欲用抱腿摔技搶攻；我順勢疾出右腿旋掃膝攻擊其頭部（圖 5-1-27）。

要點：出招果斷，動作準確有力，蹬地側傾身，旋腰擺膝發力，力達觸點。

7. 凌空膝

凌空膝就是上述各種進攻膝騰空而用，分單腿凌空、雙腿凌空及連環凌空三種。使用凌空膝，一則可增加進攻者兇猛的氣勢，令對手畏懼；二則

圖 5-1-27

圖 5-1-28

圖 5-1-29

凌空時可以獲得慣性，產生巨大殺傷力；三則可彌補身材
矮小者攻打高位點的缺憾。主要攻擊對手心窩、下頜、面
部、後腰等要害部位。

（1）雙方對戰，我突然用左沖膝攻擊對手腹部，在對
手反擊之前，隨即身體騰空以右上凌空頂膝狠撞其頭部，
雙手自然隨動（圖 5-1-28、29）。

要點：左右膝攻緊密相
連，蹬地有力，凌空膝攻準
確迅猛。

（2）雙方對戰，對手
突然用右直拳攻擊我面部；
我疾用左手臂上架來拳，同
時以右勾拳狠擊對手心窩，
隨即雙手摟抱對手頭部，用
凌空雙頂膝撞其頭頸（圖
5-1-30、31）。

圖 5-1-30

圖 5-1-31

圖 5-1-32

圖 5-1-33

圖 5-1-34

　　要點：架打快速，摟抱有力，雙腳蹬地騰空輕靈，雙頂膝兇狠、準確。

　　（3）雙方對戰，我突然用左、右直拳攻打對手面部，接著雙腳蹬地，身體騰空以凌空右沖膝撞擊其胸腹，雙手隨動（圖5-1-32—34）。

　　要點：左右直拳連貫快速，騰身沖膝準確有力。

（二）膝技防守法

1. 外擋膝

　　成實戰姿勢，一腿屈膝上提，稍向外移，肌肉收縮，腳尖上勾，力達外膝，雙手護於體前。動作起落及時、準確，呼吸自然，目視對手。主要防守對手左右橫線進攻動作，如橫邊腿、後掃腿（中路）、橫摜拳（中盤）、轉身鞭拳等。

　　（1）雙方對戰，對手突然用右中邊腿攻擊我肋部；我疾速上提左膝外擋破化其腿攻，同時雙手護於體前（圖5-2-1）。

　　要點：提膝及時，外擋有力，支撐腳扣趾抓地，展腹開胯發力。

　　（2）雙方對戰，對手突然潛身用左橫摜拳擊打我側肋要害；我疾速上提右膝外擋破化來拳，同時雙手護於體前（圖5-2-2）。

圖 5-2-1　　　　　　　　圖 5-2-2

圖 5-2-3 　　　　　　　　　 圖 5-2-4

要點：外擋膝準確有力，展腹開胯發力，力達觸點。

（3）雙方對戰，對手突然用中位外擺腿攻踢我胸腹部；我疾速用左外擋膝破化其腿攻，同時雙手護於體前（圖 5-2-3）。

要點：外擋膝準確有力，蹬地展胯發力。

2. 裏格膝

成實戰姿勢，一腿屈膝上提並向裏格膝，腳尖勾起，力達裏膝，雙手體前隨動。目視對手，呼吸自然，動作快捷準確。主要防守對手直線攻擊，如直拳、蹬腿、踹腿等。

（1）雙方對戰，對手突然用右直拳攻擊我襠部；我迅疾用左裏格膝破化其拳攻，同時雙手隨動體前（圖 5-2-4）。

要點：裏格膝快準，轉腰合胯發力，力達觸點。

（2）雙方對戰，對手突然用右前蹬腿攻擊我腹部；我

迅疾用左裏格膝破
化其腿攻,同時雙
手隨動體前(圖
5-2-5)。

要點:裏格膝
及時,蹬地轉腰,
合胯屈膝發力。

(3)雙方對
戰,對手突然用左
側踹腿猛踢我胸
部;我迅疾用右裏
格膝破化其腿攻,
同時雙手隨動體前
(圖5-2-6)。

要點:蹬地轉
腰格膝,快速有
力,雙手擺動與格
膝形成合力。

圖 5-2-5

圖 5-2-6

3. 阻截膝

成實戰姿勢,一腿屈膝豎立或橫平來阻截對手的腿
攻,雙手體前隨動。動作快速有力、準確,呼吸自然,目
視對手。

(1)雙方對戰,對手突然用右邊腿攻擊我胸部;我疾
轉身用右豎立阻截膝防守破化來腿,力達下膝,同時雙手
隨動體前(圖5-2-7)。

圖 5-2-7　　　　　　　　圖 5-2-8

要點：阻截膝恰當，雙手擺動自然，上體稍後傾。

（2）雙方對戰，對手提膝欲施左側踹腿進攻；我迅疾上左步，側傾上身用右橫阻截膝破化其腿攻，力達下膝，同時雙手隨動體側（圖5-2-8）。

要點：反應機敏，阻截膝有力準確，力達觸點。

（3）雙方對戰，對手突然用右蹬腿攻擊我胸腹部；我疾速進身用右豎阻截膝防守其腿攻，力達上膝（圖5-2-9）。

要點：進身快速，腿膝相觸，轉腰擺膝發力，力達觸點。

4. 護襠膝

成實戰姿勢，一腿屈膝上提護住襠位，腳尖繃展。動作快捷準確，目視對手，呼吸自然。力達下膝，雙手體前隨動。

（1）雙方對戰，對手突然用左彈腿攻擊我襠部；我疾

圖 5-2-9　　　　　　　　圖 5-2-10

用右護襠膝防守破化來腿，雙手隨動體側（圖 5-2-10）。

　　要點：護襠及時，繃腳有力，上體稍前含。

　　（2）雙方對戰，對手突然用右後撩腿攻踢我襠部；我迅疾用左護襠膝防守破化來腿，雙手自然隨動（圖 5-2-11）。

　　要點：同上。

圖 5-2-11

圖 5-2-12

5. 橫攔膝

成實戰姿勢，一腿屈
膝向上橫抬，小腿向下橫
壓或向上抬起，上體斜
傾，雙手體前隨動，呼吸
自然，力達外膝或裏膝。
動作快速有力、準確穩
捷，目視前方。

圖 5-2-13

（1）雙方對戰，對
手突然用左側踹腿攻擊我胸部；我順勢用右橫攔膝向上防
守破化來腿，雙手體前隨動（圖 5-2-12）。

要點：側身、攔膝、擺臂協調一致，力達觸點。

（2）雙方對戰，對手突然用左邊腿攻踢我腿部；我疾
速轉身用左橫攔膝下壓防守破化來腿，雙手體前隨動（圖
5-2-13）。

要點：同上。

6. 扣夾膝

成實戰姿勢（或倒地姿勢），一腿或兩腿屈膝內扣夾襠防守對手進攻，力達內膝，動作快捷準確，呼吸自然，目視對手。

（1）雙方對戰，對手突然用右手抓擊我襠部；我疾用右腿扣夾膝防守破化來招，同時雙手隨動體前（圖 5-2-14）。

要點： 扣夾膝及時準確，蹬地擰腰裏胯發力，力達觸點。

（2）雙方對戰，對手突然用右彈腿攻擊我襠部；我迅疾用前後腿扣夾膝防守破化其腿攻，同時雙手隨動體前（圖 5-2-15）。

要點： 扣夾膝及時準確，沉身合胯發力，力達觸點。

圖 5-2-14

圖 5-2-15

（3）雙方對戰，當我不慎仰身倒地，對手突然用左腳蹬踏我襠部；我疾速用雙腿扣夾膝防守破化來腿，隨即向左滾身，用左右小腿絞壓對手小腿，使之失去平衡倒跌在地（圖5-2-16、17）。

要點：扣夾膝有力，滾身絞壓腿連貫、快速，力達觸點，意氣力相合。

圖5-2-16

圖5-2-17

六、快摔技法

摔技為貼身近戰技法，是武術技術體系中重要的內容之一。實戰時由成功施摔，可以使對手進攻受阻、戰鬥力喪失及倒地受傷等，同時摔技還可以配合其他技法如拳腿技、鎖拿技等聯合使用，提高其實用價值。

摔技包括主動摔、防守摔和抗解摔等內容，講究借勢、掀底、別靠等技巧。借勢是指運用各種摔法時，要掌握時機，借助對手重心不穩、身體失衡之際，稍加外力將其摔倒；掀底是指採用掀、拉、托、抱等方法破壞對手支撐腿的平衡，將其摔倒，此方法對付下肢柔韌性差者效果會更好；別摔是指運用身體某一部位支別、擠靠的方法，改變對手的支撐面，從而將其摔倒。

使用摔法有兩大要點，一是「快」，二是「整」。「快」是出招時動作必須疾快如風、乾脆俐落；「整」則是在摔的過程中要周身協調、勁力合整。

（一）抱腿過背摔

雙方對戰，對手突然用左直拳攻打我面部；我快速應變，下潛身體用雙手抱其左腿，雙腳蹬地立腰向體後方拋扔，將對手摔倒在地（圖6-1、2）。

要點：潛身及時快速，抱腿牢固，立腰、肩扛協調一致。

圖6-1　　　　　　　　圖6-2

(二)抱胸過腰摔

　　雙方對戰，我突然進身用雙手搭扣成環抱提對手腰部，同時雙腳蹬地提踵，展腹仰身，身體向左側轉動180°，將對手經我胸部拋摔在地，隨即俯身壓在對手身上（圖6-3、4）。

圖6-3　　　　　　　　圖6-4

要點：貼身緊靠，搭扣有力，蹬地轉腰發力，一氣呵成，周身敏捷。

（三）扣臂過背摔

雙方對戰，我突然進身用抱雙腿摔搶攻對手，對手快動應變，沉身用雙手鎖抱我上體下壓抗摔，我順勢雙手反鎖扣抱其雙手臂，進步蹬地，立腰展腹頂背將對手從背後摔倒在地（圖6-5、6）。

要點：反鎖抱臂快捷，進步立腰協調，當對手身體被抱至垂立失衡時，我即可鬆開雙手，以增加其倒地效果。

（四）翻腰躺身摔

雙方對戰，我突然進身用抱雙腿摔搶攻對手，對手快速應變，沉身用雙手鎖抱我上體下壓抗摔；我快速向右翻身轉腰，同時雙腳蹬地展腹向後躺身將對手壓倒在地（圖6-7、8）。

圖6-5

圖6-6

六、快摔技法

287

圖 6-7

圖 6-8

圖 6-9

圖 6-10

　　要點：翻身轉腰迅猛，轉身發力時應向右上旋擰，展腹後躺下壓有力。

（五）抱單腿撞摔

　　雙方對戰，對手突然用左高位側踹腿攻擊我頭部；我快速應變，下潛身體進步，用雙手抱拉其支撐腿，同時以右肩向前撞其大腿根部，將其摔倒在地（圖 6-9、10）。

要點：潛身進步及時準確，抱腿回拉和向前撞肩協調一致，發力快猛。

（六）裏掛腿推摔

雙方對戰，對手突然用右擺拳摜打我頭部；我快速用左臂屈肘外擋，隨即上體左轉，以右腿向後外掛對手前支撐腿膝窩，同時右臂屈肘向前猛推其胸部，將其摔倒在地（圖6-11、12）。

要點：擋臂準確有力，向後掛膝、向前推胸前後形成錯力，相合一體。

（七）抱雙腿頂摔

雙方對戰，對手突然用右直拳攻打我頭部；我快速下潛身體，用雙手抱提回拉對手雙腿，同時右肩前頂其腹部，將其摔倒在地（圖6-13、14）。

此招還可演變出向左側方抱雙腿旋摔和向上方抱雙腿

圖6-11　　　　　　　　圖6-12

圖 6-13　　　　　　　　　　圖 6-14

過背摔等方法，只是發力方向不同，但要領大致相同。

　　要點：潛身及時，抱腿牢固，發力快猛，周身協調。

（八）抱腰橫搬摔

　　雙方對戰，對手突用右直拳搶打我頭部；我快速用右手刁抓來拳手腕後拉，同時上左步至對手背後，雙手環抱其腰腹，上提、橫折、下摔將其摔倒在地（圖 6-15、16）。

　　要點：刁抓手準確有力，上步快捷，雙手抱腰上提與蹬地展腹協調一致，橫折施摔發力快猛。

（九）抱臂過背摔

　　雙方對戰，對手突然用右劈掌砸擊我面部；我快速用十字手上架來拳，接著左手翻腕向下抓抱其手臂，右手臂摟挾其脖頸，同時上右步身體左轉，俯身撅臀將其從背上摔倒在地（圖 6-17、18）。

圖 6-15

圖 6-16

圖 6-17

圖 6-18

要點：抓臂夾頸快速有力，進步轉身與俯身撅臀連貫迅猛、協調一致。

(十)進步搶推摔

雙方對戰，對手突然潛身搶抱我右腿欲使摔技；我快速應變，進步前移身體重心，同時用左手推壓其左胯，右

291

圖 6-19　　　　　　　　圖 6-20

手下按其右肩部，將其摔倒在地（圖 6-19、20）。

　　要點：使用此摔技時要搶佔時機，當對手抱腿的一剎那，我突用此技，蹬地、按肩、抖手一致，發力快猛。

（十一）穿襠扛人摔

　　雙方對戰相互纏抱，我突然潛身上右步，用右手向上抱挑對手右腿，左手向下抓拉其右臂，同時右肩向上頂其腹部，立腰甩臂將其摔倒在地（圖 6-21、22）。

　　要點：進身敏捷，右手上挑、左手下拉雙手合一，立腰頂肩，發力快猛。

（十二）接腿涮拉摔

　　雙方對戰，對手突然用右蹬腿攻踢我胸部；我快速用雙手接抱來腿弧形回拉，同時右腳上步身體左轉，將對手摔倒在地（圖 6-23、24）。

　　要點：左右手合抱準確牢固，移步、轉腰、涮拉腿協

圖 6-21

圖 6-22

圖 6-23

圖 6-24

調一致，快速有力。

（十三）接腿掀推摔

雙方對戰，對手突然用左側踹腿攻踢我心腹；我快速用雙手接腿回拉，隨對手回脫掙腿之力進步，左右手臂向前上掀推，使對手摔倒在地（圖 6-25、26）。

圖 6-25

圖 6-26

要點：含胸接腿，準確有力，上步、推腿相合一體，蹬地轉腰捧臂發力。

（十四）抱腰折壓摔

雙方對戰，相互纏抱，我突然上右步插落在對手兩腿中間，同時雙手搭扣向上摟抱其腰部，隨即上體前俯低頭用頦折壓其頸部，將其摔倒在地（圖 6-27）。

圖 6-27

圖 6-28

要點：向上抱腰與向下折胸相合一體，快速有力，蹬
地俯身發力，周身敏捷。

(十五) 擋臂支別摔

雙方對戰，對手突然用右擺拳攬打我頭部；我快速側
上左步，用左手臂外擋破化來拳，同時右手臂抱切對手肩
頸，右腿上步支別其右小腿，將其摔倒在地（圖 6-28）。

要點：進步快速，切肩、別腿形成錯力，相合一體，
蹬地轉腰發力，力達觸點。

(十六) 扣手甩腰摔

雙方對戰，對手突然從背後用抱腰摔搶攻；我快速用
雙手扣握其手臂，左腳後撤，同時沉胯向身體右方甩腰，
將對手摔倒在地（圖 6-29）。

要點：扣握手牢固，後撤、沉胯、甩腰快速有力，協
調一致，力整勁猛。

圖 6-29

（十七）纏腿勾踢摔

雙方對戰，對手突然從背後雙手摟抱我腰部欲使抱腰摔；我快速用右腿由前向後纏勾其右小腿上提，同時身體右轉將對手摔跌在地（圖 6-30、31）。

要點：貼身緊靠，右轉腰、上提腿協調一致，發力快猛。

圖 6-30

圖 6-31

圖 6-32

圖 6-33

（十八）接腿掃踢摔

雙方對戰，對手突然用右邊腿攻踢我側肋；我快速用左手迎抱來腿，上體右轉，以右掃踢腿攻其支撐腿，同時右手下拍按其脖頸，將其摔倒在地（圖 6-32、33）。

要點：進步接腿準確，掃踢、拍按協調一致，轉腰閃身發力，力走外弧。

（十九）挾頸挑腿摔

雙方對戰，對手突然進身用雙手抓推我胸部；我快速用右手臂挾其頭頸，左手回抱其右臂，同時身體左轉 180°，以右腿挑勾子，將其摔倒在地（圖 6-34、35）。

要點：順勁變招，挾頸有

圖 6-34

圖 6-35　　　　　　　　　　圖 6-36

力，抱臂牢固，貼身上挑腿快速，發力脆爆。

（二十）架臂攔踢摔

雙方對戰，對手突然用雙手抓我雙肩欲施膝撞；我左腳快速側閃步，左手下按對手右前臂，同時右手上架其上臂，出右橫腳攔踢其前支撐腿，將其摔倒在地（圖 6–36、37）。

圖 6-37

要點：側閃步及時，上體右轉，留出對手倒跌位置，手腳協調一致，架臂攔踢快速有力。

（二十一）接腿支別摔

雙方對戰，對手突然用左側踹腿攻踢我胸部；我快速用雙手接抱來腿，身體左轉，同時出右腿直膝支別對手右

圖 6-38

圖 6-39

支撐腿，將其摔倒在地（圖 6-38、39）。

要點：接腿、轉身快捷準確，蹬地別摔與轉腰相合一致，力發腰間。

（二十二）抱腿回拉摔

雙方對戰，我突然潛身用雙手搶抱對手前支撐腿回拉，將其摔倒在地（圖 6-40、41）。

圖 6-40

圖 6-41

圖6-42 圖6-43

要點：搶抱腿準確，俯身沉胯、後拉腿有力，使用此招時若能配合向後移動的步法，則施摔效果會更佳。

（二十三）抓臂擰扭摔

雙方對戰，對手進身纏抱；我快速用雙手抓拉其左右上臂向左擰扭，同時後撤左步，身體左轉，將對手摔倒在地（圖6-42、43）。

要點：雙手抓擰牢固、有力，撤步、蹬地轉腰快速，周身配合一致。

（二十四）挾頸過背摔

雙方對戰，對手突然用右擺拳擊打我頭部；我快速用左手臂擋抓，同時上右步左轉身體，右手臂挾抱對手頭頸，俯身撅臀將其摔倒在地（圖6-44、45）。

要點：移步貼身連貫，挾頸有力，俯身撅臀突然。

圖 6-44

圖 6-45

（二十五）牽肩下拉摔

雙方對戰，對手突然用潛身抱腿摔進攻；我右腳快速後撤，同時雙手抓握其肩部向後下方牽拉，將對手摔倒在地（圖 6-46）。

要點：撤步、抓肩連貫協調，準確有力，俯身牽拉發力，力達雙手。

（二十六）接腿轉身摔

雙方對戰，對手突然用右邊腿攻踢我側肋；我左前腿快速後撤，身體左轉180°，同時左手接抱來腿，右手推擊其胸部，將對手摔倒在地（圖 6-47、48）。

要點：接腿準確，撤步轉身連貫，身體移動呈圓

圖 6-46

圖 6-47

圖 6-48

形，勁力快脆。

（二十七）接腿支別摔

雙方對戰，對手突然用右邊腿攻踢我腰肋；我身體快速左轉用雙手接抱來腿後拉，同時出右腿支別對手左支撐腿，將其摔倒在地（圖 6-49、50）

圖 6-49

圖 6-50

要點：轉身順勢，接腿準確，別摔快猛有力，雙手回抱腿後拉與右腿支別相合一體，形成前後爭力。

（二十八）擋臂勾踢摔

雙方對戰，對手突然轉身用右鞭拳抽打我面門；我快速用雙手臂向外擋抓，同時以左勾踢腿狠踢其支撐腿，將其摔倒在地（圖6-51）。

要點：擋抓準確有力，勾踢快速兇猛，手腳相合一致，轉腰裹胯發力，力達腳勾。

（二十九）撈腿扣肩摔

雙方對戰，我突然進身，右腳踩踏對手中門，左手上撈其右小腿，同時出右掌扣按其左肩，將其摔倒在地（圖6-52）。

要點：出招果斷快捷，雙手上下發力相合一致，俯身轉腰，力達觸點。

圖6-51

圖6-52

(三十)抄腿上拋摔

雙方對戰，對手突然用左低邊腿攻踢我右膝，我快速應變，回收右腿閃化，同時右手抄接來腿，隨即上右步，右手臂向上抄拋，將對手摔倒在地（圖6-53、54）。

要點：抄拋手應借對手收腿時向體斜上方發力，蹬地轉腰發力，上步快捷，周身合一。

圖6-53

圖6-54

七、鎖拿技法

　　鎖拿，俗稱擒拿，是分筋拿脈、錯骨點穴、截血卸骨等技法的統稱，制人時往往可起到拿其一點而制其全身之妙效，為中華武藝之精粹。因其內容繁多，功理精深，想修練成功實非易事，故習練者須有堅定的信念和苦練的決心，再加上名師的訓導，才能有所建樹。

　　鎖拿技法可單技出擊，也可多技混用；可先發制人，也可後發制人。實戰中應隨機應變，審時度勢，能拿則拿，能打則打。譬如，見關節可使錯骨法、見筋絡可使分筋拿脈法、見穴位可使點打穴位法、見狂敵便使卸骨法等。

　　習練鎖拿技法要注意以下幾點：

　　第一，做到練啥就用啥，怎麼練就怎麼用，從而達到練用統一，學以致用。

　　第二，功力訓練不可缺失，如扣指功、伏虎功、拋沙袋、蜈蚣跳、擰千斤棒、插沙功等等。

　　第三，要注意武德修養，因鎖拿技法威力巨大，易致傷、致殘對手，故持技者加強武德修為就顯得更為重要，並要求存有「三善」，即善心、善語和善行，不可對人濫勇施武。

　　第四，鎖拿用力之處多在拇、中、食三指之指尖、指腹處，有時只用拇指、食指，練習者需明辨。

第五，習練鎖拿有三個境界，即「建招」「活招」和「化招」。「建招」是初學乍練，技法生多熟少；「活招」是邊學邊用，技法生熟參半；「化招」是活學活用，技法隨機而發。

第六，對於一般防身自衛的練習者，練用時一定要力求少而精，切莫貪多而粗。

以下內容是最為實用、最易上手的錯骨拿脈招式。

(一) 鎖拿腕技

1. 雙方對戰，對手施暴，用右手抓拉我頭髮；我快用雙手扣握下壓其手腕，同時下蹲身體向前頂頭，鎖拿其腕關節（圖7-1-1、2）。

要點：雙手合握、下折手腕快速有力，跪步拱背俯身一致，力達觸點。

2. 雙方對戰，對手突然用右劈掌攻打我頭面；我快用雙手向上架托合抱來掌，接著身體左轉，雙手向外合折鎖

圖7-1-1

圖7-1-2

武術實用技法精粹

圖 7-1-3

圖 7-1-4

拿其手腕（圖7-1-3、4）。

要點：架托、旋擰連貫，轉腰裹背發力，力達觸點。

3. 雙方對戰，我突然用右直拳攻打對手，對手用右刁手抓握我手腕；我快上左步，隨即左手扣壓其手背，同時以右手外旋切壓鎖拿其腕關節（圖7-1-5、6）。

要點：上步、扣手、切腕連貫一致，轉腰旋切發力，

圖 7-1-5

圖 7-1-6

圖 7-1-7   圖 7-1-8

力達觸點。

4.雙方對戰，對手突然從背後施摔技偷襲；我快速應對，後撤左步，上體蹲縮向後下潛身，同時雙手刁抓對手右手腕反折鎖拿（圖7-1-7、8）。

要點：撤步、縮移身體一致快捷，刁抓手腕繞頭而過，雙手反折鎖腕有力。

5.雙方對戰，對手突然用右手抓拉我右手；我左腳快速前上至對手右腿側後方，同時右手反折對手腕關節，左手臂纏抱其右前臂，將其鎖扣在自己右腕處（圖7-1-9、10）。

要點：上步、纏抱、折腕快速連貫，協調一致，左手纏抱時夾緊對手右肘，轉腰收腹發力，力達觸點。

（二）鎖拿肘技

1.雙方對戰，對手突然用左手抓拉我肩部欲施打技；我身體快速後轉，同時右手由外向裏纏繞挑別其肘關節，

圖 7-1-9

圖 7-1-10

左手回護胸前（圖7-2-1、2）。

要點：轉身敏捷，纏繞別肘快速有力，蹬地挺身發力，力達觸點。

2.雙方對戰，對手突然用右直拳攻打我頭部，我快速用右手向外刁抓來手，對手強發左直拳打面，我速出左手刁抓，隨即雙手上下絞別鎖拿其肘關節（圖7-2-3、4）。

圖 7-2-1

圖 7-2-2

圖 7-2-3　　　　　　　　　圖 7-2-4

　　要點：刁抓準確有力，絞別肘關節連貫，左右旋絞發力，力達觸點。

　　3.雙方對戰，對手突然用右下劈拳攻打我面門；我快用右手臂挑磕來拳，接著右手翻腕刁抓其手腕，同時右腳後撤，俯身右轉，左臂屈肘向下砸壓其肘關節（圖 7-2-5、6）。

圖 7-2-5　　　　　　　　　圖 7-2-6

要點：挑抓連貫、準確，轉腰沉身發力，下砸迅猛，力達觸點。

4. 雙方對戰，對手突然用右手抓拉我胸部施暴；我快速應變，出左手向下扣按其手腕，同時右掌向上錯托其肘關節，身體重心前移（圖7–2–7）。

圖 7-2-7

要點：雙手錯肘接位準確，快速有力，前腳掌支撐地面，上體下沉與右手上托形成爭力。

(三) 鎖拿肩技

1. 雙方對戰，對手突然進身下潛欲施抱腿摔技；我快速應變，雙腳跳換步閃化，同時雙手由下穿腋窩向上鎖抱別控對手肩關節，隨即雙手臂扣搭回拉，使其肩部受傷或脫臼（圖7–3–1、2）。

圖 7-3-1

圖 7-3-2

圖 7-3-3　　　　　　　　　　圖 7-3-4

　　要點：穿背鎖肩快捷準確，沉身裹背發力，力達觸點，勁力爆脆。

　　2. 雙方對戰，對手突然用左手抓拉我肩部欲施右劈拳打我；我快速應動，右腳退步插別於對手左腿內側，同時上體左轉 180°，用雙手鎖抱其肩下壓（圖 7-3-3、4）。

　　要點：周身敏捷，雙手鎖肩牢固，蹬地轉腰俯身發力，力達觸點。

　　3. 雙方對戰，對手突用左直拳攻打我胸部；我快變用左手臂屈肘外擋來拳，隨即翻腕刁抓後拉其手臂，同時身體左轉 180°成跪步，右手壓別其左肩（圖 7-3-5）。

圖 7-3-5

　　要點：借力打力，擋抓來臂準確牢固，右手壓別快速迅猛，轉腰沉身發力，力達觸

圖 7-3-6

圖 7-3-7

點。

4. 雙方對戰，對手突然用右擺拳攻打我頭部；我左手臂屈肘外擋，隨之進步靠身向右轉腰，左手外扳其前臂，右手臂向裏纏鎖下壓其肩關節（圖 7-3-6、7）。

要點：擋臂準確，進步鎖別肩關節一氣呵成，蹬地轉腰發力，雙手相合一體。

（四）鎖拿頭頸技

1. 雙方對戰，對手突然潛身用抱腿摔攻擊我；我雙手快速抱控對手頭部向左旋擰，隨即左下劈掌狠擊其背部（圖 7-4-1、2）。

要點：雙手抱頭牢固，旋擰有力，轉腰送肩劈掌，力達觸點。

圖 7-4-1

圖 7-4-2

圖 7-4-3

2. 雙方對戰，對手進身用雙手抓拉我肩部欲施頂膝搶攻；我快用左手臂向下拍阻來膝，同時以右推爪狠擊對手下頜（圖 7-4-3）。

要點：阻拍膝準確，推擊下頜快速有力，雙手上下相合，力達觸點。

3. 雙方對戰，我突然從對手背後出招，用雙手臂搭扣鎖拉其頭頸，同時出左頂膝撞擊其後腰（圖 7-4-4）。

圖 7-4-4

要點：出招果斷快猛，鎖拉頸與膝撞腰協調一致，力達觸點。

4. 雙方對戰，對手突然用左直拳擊打我面部；我快用右手向裏拍擊破化來拳，接著上左步用左手臂纏鎖其頭頸，右手隨即扣搭緊握左手腕（圖 7-4-5、6）。

圖 7-4-5　　　　　　　　　圖 7-4-6

要點：鎖頸快速有力，挺身展腹發力，力達雙手臂。

5.雙方對戰，對手突然用雙推掌攻打我胸部；我快用左手臂在體前畫外弧撥攔來招，隨之翻腕抓拉其左手臂，同時上右步出右爪抓按其頭面（圖7-4-7、8）。

要點：左手撥攔抓拉與右手抓按相合一致，上步貼靠對手，力達雙手。

圖 7-4-7　　　　　　　　　圖 7-4-8

（五）鎖拿腰技

1. 雙方對戰，我突然從對手背後抱雙腿、頭頂臀將其摔跌在地，接著躍身蹲坐於對手大腿上，同時出雙手由其腋下鎖抱胸部及頭頸（圖7-5-1、2）。

要點：抱腿、頂臀動作連貫快速，左手上抱對手胸部，右手纏鎖下壓其頭頸，雙手相合一體。

2. 雙方對戰，對手突然用右直拳搶打我胸部；我快用右手向外刁抓來腕，接著上左步至對手右腿後方，同時左手向下切按其胸肩處，鎖拿腰部（圖7-5-3、4）。

圖 7-5-1

圖 7-5-2

圖 7-5-3　　　　　　　　圖 7-5-4

要點：刁抓準確，進身貼靠快速，轉腰切壓手有力，左膝上頂其後腰，發力合整。

3. 雙方對戰，對手突然用右蹬腿攻踢我胸腹；我快用右手向下砍截來腿，隨即順勢向上纏鎖抱控其小腿，同時上左步頂住對手左腿後方，左手折抱其頭頸鎖控腰部，使其失衡或頸部受傷（圖 7-5-5、6）。

圖 7-5-5　　　　　　　　圖 7-5-6

圖 7-5-7　　　　　　　　圖 7-5-8

要點：截腿纏抱準確牢固，右手應有向上粘黏旋擰之力；上步抱頸連貫協調，含胸裹背發力，力達雙手，左腿用力頂靠對手支撐腿。

4.雙方對戰，對手突然用右直拳攻打我面門；我快速下潛身體抱其雙腿將其摔倒，隨即雙手抱擰其雙腿向右轉身，左腳跨步騎壓在其後腰處，同時雙手反鎖其雙腿向後折腰（圖 7-5-7—9）。

圖 7-5-9

要點：抱摔快捷，坐臀與後鎖腿折腰協調一致、連貫迅猛、力大勁整，力達觸點。

（六）鎖拿膝技

1.雙方對戰，對手突然用右直拳攻打我頭部；我快速

潛身用右手摟扳其支撐腿腳踝，左手前推其膝部，鎖制其膝關節，將其摔倒在地（圖7-6-1、2）。

要點：潛身及時，俯身拱背發力，右手摟扳、左手前推雙手形成錯力，力達觸點。

2.雙方對戰，對手突然用左邊腿攻踢我側肋；我快速用右手接抱來腿，同時以右低邊腿掃踢其支撐腿，使其跌倒在地，隨即用雙手十字鎖拿其膝部（圖7-6-3、4）。

圖7-6-1

圖7-6-2

圖7-6-3

圖7-6-4

要點：接腿與邊腿掃踢支撐腿上下動作連貫，協調一致，掃踢脆猛，雙手十字互扣鎖牢固，俯身錯臂發力，力達觸點。

3.雙方對戰，對手突然用後撩腿攻踢我胸腹部；我快速應對，身體左閃，用左手下拍對手膕窩，同時右手向上托疊其腳背及脛骨處，鎖拿其膝部，使其失衡倒地或腿部受傷（圖7-6-5、6）。

要點：轉腰閃身快捷，雙手鎖膝準確有力，俯身沉肩發力，力達雙手。

圖7-6-5

圖7-6-6

4.雙方對戰，我突然進身用雙推掌狠擊對手胸部，同時左腿膝部前頂錯擊其膝關節，使之倒地（圖7-6-7、8）。

要點：推掌、膝頂相合一體，出招果斷、快捷，蹬地拱背發力，力達觸點。

圖 7-6-7 圖 7-6-8

（七）鎖拿腳技

1. 雙方對戰，對手突然用右蹬腿搶攻我腹部；我快速用雙手接抱來腿，同時身體重心後移，雙手向外旋擰其腳，使其跌倒在地（圖 7-7-1、2）。

要點：接腿準確，雙手上下合抱牢固，轉腰擰胯發

圖 7-7-1

圖 7-7-2

力，力達雙手。

2. 雙方對戰，對手突然用右高邊腿攻踢我頭部；我快速用雙手卡按對手右腳踝，左手下按腳背，右手上挑其腳跟，雙手錯擊腳踝關節，同時用右下踩腿狠踢其支撐腿內膝處（圖 7-7-3）。

要點：雙手卡錯腳踝準確有力，踩腿兇狠，力達腳底。

圖 7-7-3

3. 雙方對戰，對手突然用左中位側踹腿搶攻我胸部；我快速後移步，同時用雙手接抱來腿，隨即左轉身雙手錯扭其腳踝關節，使其倒跌在地（圖7-7-4、5）。

要點：接腿準確，轉腰擰臂發力錯折腳踝，力達雙手，兇狠快捷。

圖 7-7-4

圖 7-7-5

八、巧跌技法

　　跌技乃武術搏擊中的一種奇門特技，施技者可在身體主動或被動失去平衡時出招打擊對手，因出招常使對手始料不及，防不勝防，再加上跌技之力是身體失衡力與肌體收縮力疊加迸發而出，故勁道遒實、動作凶辣，對手若遭此重創，定會落敗告負。

(一)側跌前掃腿

　　雙方搏鬥，對手突然用右高邊腿攻踢我頭部；我側倒身體，以左前掃腿狠踢其支撐腿，使其倒地（圖8-1、2）。

　　要點：倒跌敏捷，雙手及

圖8-1

圖8-2

右腿外側支觸地面，轉腰掃
擺腿發力，力達腳面。

（二）側跌後掃腿

雙方搏鬥，對手突然用
左高側踹腿攻踢我頭部；我
疾速原地側倒身體，以左後
掃腿狠踢其支撐腿，使其倒
地（圖8-3、4）。

圖8-3

要點：倒跌敏捷，雙手
及右腿外側支觸地面，轉腰甩頭掃腿發力，力達腳跟。

圖8-4

（三）前跌蹬心窩

雙方搏鬥，對手突然用右直拳攻打我面部；我疾速轉
身前跌，雙手撐地，同時出左後蹬腿狠踢其心窩（圖8-
5）。

要點：倒跌敏捷，直膝展胯發力迅猛，力達腳底。

圖 8-5

（四）後跌彈襠

雙方搏鬥，對手突然近身用雙推掌攻打我胸部；我疾速後倒身體，出右彈腿狠踢其襠部（圖 8-6）。

要點：倒跌敏捷，雙手及背部支觸地面，肌肉收縮以增加抗跌力，屈腿彈射脆爆，力達腳尖。

圖 8-6

（五）側跌踹腿

雙方搏鬥，對手突然進身用單推掌攻打我胸部；我疾速側倒身體出左低踹腿狠踢其前腿脛膝處（圖8–7、8）。

要點：倒跌敏捷，順勢而跌，雙手及右腿外側支觸地面，直膝展胯發力，力達腳底。

圖 8–7

圖 8–8

（六）前空跌砸壓

雙方搏鬥，對手突然用右前掃腿攻踢我前支撐腿；我疾速提腳隨之蹬地向前空翻跌砸對手頭、身要害（圖8–9、10）。

要點：翻跌敏捷，砸壓應走前下弧軌跡，用臀、背砸壓對手頭或胸腰部，同時雙手側展臂輔助下壓，沉身有

圖 8-9

圖 8-10

武術實用技法精粹

力、準確。

(七)後倒跌砸壓

雙方搏鬥，我突然進身用雙手摟抱對手雙腿使用過背摔技，將其拋摔在體後，隨即身體後倒跌砸壓其頸部及上體（圖 8-11—13）。

圖 8-11

圖 8-12

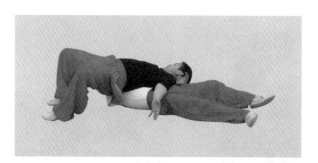

圖 8-13

要點：抱摔快猛、準確，拋臂抖手發力，蹬地展腹與後跌連貫，沉臀壓臂有力。

(八)後跌雙蹬

雙方搏鬥，對手突然進身用雙手推壓我胸部或雙肩；我疾速用雙手抓托其雙肘，同時後跌身體用雙腳蹬其胯部，使其向後飛射跌去（圖 8-14、15）。

要點：抓托手準確有力、控肘牢固，蹬腳與抓托形成

圖 8-14

圖 8-15

圖 8-16   圖 8-17

合力，蹬腳直膝發力，力達腳底。

（九）前跌撞頭

雙方搏鬥，對手進身與我纏抱欲施摔技；我疾速用右小腿回掛對手前小腿，同時上體前壓，使其倒跌並控壓在地上，隨即以頭撞狠擊其頭面（圖 8-16、17）。

要點：雙手抱摟牢固，掛腿快速有力，前跌控壓與頭撞連貫協調。

（十）前躍跌撞腹

雙方搏鬥，我突然用雙摜拳攻打對手雙耳門，對手疾用雙臂格擋破化；我隨即雙手向內掛撥其雙手臂，同時蹬地前躍用跌頭撞攻擊其心腹要害（圖 8-18、19）。

要點：雙手掛撥有力，蹬地躍身，豎頸發力，力達頭頂。

圖 8-18　　　　　　　　　　圖 8-19

(十一) 後跌撞面

　　雙方搏鬥，對手突然從背後用雙手摟抱我腰腹欲施折腰摔；我疾速用右小腿由外向內纏繞其右腿上挑，同時上體及雙臂向後跌壓，將對手壓控在地上，隨即頭向後撞擊對手面門（圖 8-20、21）。

圖 8-20　　　　　　　　　　圖 8-21

要點：纏腿牢固，右腿上挑與上體後跌形成前後錯力，挺身展腹發力，意氣力相合。

（十二）前跌拍襠

雙方搏鬥，我突然用劈拳攻打對手面門，對手速用左拳上挑破化，同時出右前踩腿狠踢我前腿膝部，我隨即前跌變招用右手拍擊其襠部（圖8-22、23）。

圖8-22

要點：前跌順勢可減少膝部受擊力，拍襠探肩，抖手發力，力達掌心，意氣力相合。

圖8-23

（十三）側跌打胸

雙方搏鬥，對手突然用左低邊腿攻踢我前支撐腿外膝處；我順勢側跌使其倒地，同時用右手反背摔打其胸腹要害（圖8-24、25）。

圖 8-24

圖 8-25

要點：順勢倒跌可緩解膝部受擊力，墜身探臂發力，力達右手臂外側，反背摔打快速、有力。

(十四)跪膝跌砸腹

雙方搏鬥，對手突然用左橫擺拳攻打我頭部；我快速應對，用右手向外擋抓來拳腕部，同時上左腿鎖別對手左腿，左手摟抱下切其頭頸，用別摔將其摔倒在地，隨即躍

圖 8-26

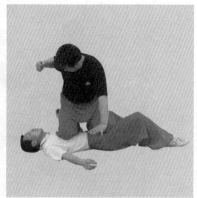

圖 8-27

身以雙跪跌向下砸壓對手胸腹（圖 8-26、27）。

　　要點：別摔轉腰發力，手、腿協調一致，躍身跪跌、沉身下砸準確快速，同時右拳也可打擊對手的頭、面部。

（十五）蹬腹跪膝跌

　　雙方搏鬥，我突然用左蹬腿狠踢對手腹部，將其踢倒在地，隨即順勢蹬地躍身變跪膝跌，用雙膝鎖夾砸壓其頭頸及肩部（圖 8-28、29）。

　　要點：蹬腿突然、果斷，轉腰送胯發力，力達腳底；躍跌連貫、準確，沉身下砸有力，並且還可出右直拳重創對手面門，使之完全喪失對戰能力。

圖 8-28

圖 8-29

（十六）掃踢盤腿跌

雙方搏鬥，我突然用右橫掃踢腿攻擊對手腰腹，對手
順勢後移步閃身破化，我變招進身蹬地躍起，以右盤腿跌
砸壓其胸部，使之倒跌在地（圖 8-30—32）。

要點：招式緊密相連，凌空盤腿跌輕靈準確，雙手臂
及左腿外側支觸地面，轉腰擺腿發力，力達右腳。

圖 8-30

圖 8-31

圖 8-32

(十七) 飛身剪腿跌

雙方搏鬥，我突然用右彈掌佯打對手面門，對手隨即用左手上架；我雙腳快速蹬地飛身以左、右腿鎖夾對手胸、背處，同時身體向右擰轉用剪腿跌將其剪倒在地（圖8-33—35）。

圖 8-33

圖 8-34

圖 8-35

　　要點：彈掌以誘引對手胸、背出現空檔，飛身鎖夾雙腿要合力向內，轉腰擰頭剪跌快爆、兇猛，雙手臂及右胯外側支觸地面，倒跌瞬間肌肉收縮，以免受傷。

九、高級技法

(一) 手腳同動制敵技法

拳諺講：「手到腳不到，制人不算妙」「手腳齊到方為真」。在實戰搏擊中，手腳同動既有手法和步法協調配合行動，又有手法和腿法組合協同出擊兩層意義。手腳同動出招，可使周身攻擊力增大、變招換式敏捷，同時亦可攻中寓守、守中存攻、同攻同守，並能多角度、多層次地保護自己，克敵制勝。

手腳同動制敵術是經過實戰搏擊而留傳下來的精招妙法，招招實用，式式顯威。

1. 抽臉踹膝

雙方對戰，我突然進身用右掌橫向抽打對手臉部，同時出右踹腿狠踢其前腿膝部（圖9-1-1）。

要點：手腳協同一致，轉腰發力，力達手背及腳底，動作快猛，準確有力。

圖 9-1-1

2.砍頸勾腿

雙方對戰，我突然右腳閃走偏門用左掌下砍對手頭頸，同時左腿猛力勾踢其前支撐腿內側，令其倒地（圖9-1-2）。

要點：手腳協同一致，閃步快穩，轉腰發力，力達掌外沿及腳勾處，動作快猛，準確有力。

3.拍頭撩襠

雙方對戰，對手突然從我背後進行偷襲；我急速後轉身用右下拍掌猛擊對手頭面，同時以右撩腿猛踢其襠部（圖9-1-3）。

要點：手腳協同一致，上拍手與下撩腿相合發力，力達掌心及腳底，動作快猛，準確有力。

圖 9-1-2

圖 9-1-3

4.打面彈襠

雙方對戰,我突然用右直拳猛打對手面部,同時出左彈腿狠踢其襠部(圖9-1-4)。

要點:手腳協同一致,轉腰發力,力達拳面及腳尖,動作快猛,準確有力。

5.劈頸踢肋

雙方對戰,我突然進身用右下劈掌猛力攻打對手脖頸,同時出左邊腿狠踢其側肋(圖9-1-5)。

要點:手腳協同一致,轉腰送肩發力,力達掌外沿、腳背及脛骨外,動作快猛,準確有力。

6.沖面蹬襠

雙方對戰,對手突然用右擺拳攻打我頭部;我急速右轉身搶攻,以右手旋擰直拳狠力沖打其面部,同時出右後

圖9-1-4 圖9-1-5

圖 9-1-6　　　　　　　　　圖 9-1-7

蹬腿猛踢其襠部（圖 9-1-6）。

　　要點：手腳協同一致，轉腰擰臂發力，蹬腿迅猛，力達拳面與腳跟。

7. 勾腿推胸

　　雙方對戰，我突然進身用右勾踢腿猛踢對手前支撐腿腳跟處，同時雙手向前大力推擊其胸部，令其倒地（圖 9-1-7）。

　　要點：手腳協同一致，勾踢弓背發力，前推動作快猛，準確有力，力達掌根及腳勾。

8. 踢頭摜耳

　　雙方對戰，對手突然進身欲施抱腿摔技；我急速搶攻用左裹合腿猛踢其頭側，同時右手橫向摜打其另一側耳部（圖 9-1-8）。

　　要點：手腳協同一致，轉腰合胯發力，力達掌心及腳

圖 9-1-8

圖 9-1-9

底，動作快猛，準確有力。

9. 撥拳踢肋

雙方對戰，對手突然用右直拳攻打我面部；我急速用左掌橫撥破化來拳，同時出左邊腿狠踢其側肋（圖9-1-9）。

圖 9-1-10

要點：手腳協同一致，直拳動作快猛，準確有力，擰腰裹胯發力，力達拳面、腳背及脛骨處。

10. 架拳蹬腹

雙方對戰，對手突然用右劈拳攻打我頭部；我急速用左手臂上架破化來拳，同時出右蹬腿狠蹬其腹部（圖9-1-10）。

要點：手腳協同一致，上架蹬腿連貫，挺腰送胯發力，力達手臂外側及腳跟，動作快猛，準確有力。

11. 托拳彈襠

雙方對戰，對手突然用右直拳攻打我面部；我急速用雙手上托破化來拳，同時出左彈腿狠踢其襠部（圖 9-1-11）。

要點：手腳協同一致，上托準確有力，動作快猛，挺腰送胯發力，力達掌心及腳尖。

12. 擰臂蹬心

雙方對戰，對手突然用右直拳攻打我心窩；我急速用雙手擰控來拳手臂並後拉，同時出右蹬腿狠蹬其心窩（圖 9-1-12）。

要點：手腳協同一致，雙手弧形向下擰臂，動作快猛，準確有力，轉腰送胯發力，力達雙手及腳底。

圖 9-1-11

圖 9-1-12

13. 抱腿踹膝

雙方對戰，對手突然用右邊腿攻踢我側肋；我急速左轉身用雙手鎖抱破化來腿，同時出右踹腿猛踢其支撐腿內膝處，令其倒地（圖9–1–13）。

要點： 手腳協同一致，雙手鎖抱牢固，轉腰展胯發力，力達雙手及腳底，動作快猛，準確有力。

14. 抓腕踹膝

雙方對戰，對手突然用右直拳攻打我頭部；我急速側上左步躲閃，並用右手刁抓來拳腕部破化其進攻，同時出右踹腿狠踢其前支撐腿內膝，令其倒地（圖9–1–14）。

要點： 手腳協同一致，側閃、刁抓快速連貫，擰腰展胯發力，力達手指及腳底，動作快猛，準確有力。

圖 9-1-13

圖 9-1-14

15. 拍頭彈面

雙方對戰，對手突然進身用頭撞我心窩；我急速後移並用右手下拍對手後腦，同時出左彈腿狠踢其面部（圖9-1-15）。

要點：手腳協同一致，下拍、彈踢連貫，合腰發力，力達手掌及腳面，動作快猛，準確有力。

16. 拍腿彈襠

雙方對戰，對手突然用右邊腿狠踢我側肋；我急速用雙手下拍破化來腿，同時出右彈腿猛踢其襠部（圖9-1-16）。

要點：手腳協同一致，拍化及時，彈腿迅猛，蹬地轉腰發力，力達雙掌及腳尖，動作快猛，準確有力。

圖9-1-15　　　　　　　圖9-1-16

17.彈臂踹襠

雙方對戰，對手突然用抹面掌攻打我頭面；我急速後閃身體，用右掌橫彈破化來掌，同時出右踹腿狠踢其襠部（圖9-1-17）。

要點：手腳協同一致，右掌橫打，準確有力，轉腰展胯發力，力達掌背及腳底，動作快猛。

18.壓拳打面

雙方對戰，對手突然用右勾拳攻打我腹部；我急速用左手下壓破化來拳，同時右手用翻背拳擊打其面部，右踩腳猛踢對手前腿（圖9-1-18）。

要點：手腳協同一致，下壓、翻打與右踩連貫迅猛，蹬地弓背發力，力達拳背及腳底，動作準確有力。

圖 9-1-17   圖 9-1-18

19.架拳踹肋

雙方對戰，對手突然用左直拳攻打我頭部；我急速用右掌上架來拳，同時出右踹腿猛踢其側肋（圖9-1-19）。

要點： 手腳協同一致，上架準確有力，踹腿迅猛連貫，轉腰展胯發力，力達掌側及腳底。

20.絞臂蹬頭

雙方對戰，對手進身用雙手抓拉我左右肩部，並用左頂膝攻我襠部；我急速收腹後退，用左、右手對握其右、左手腕，上下弧形絞控其手臂，形成右手「一管二」，並用右蹬腿猛踢其頭頸（圖9-1-20）。

要點： 手腳協同一致，對握牢固，絞控突然，蹬腿轉腰發力，力達腳跟及手指，動作快猛，準確有力。

圖 9-1-19

圖 9-1-20

（二）肘膝同打技法

肘技、膝技在實戰中同屬重磅殺傷性武器，受擊者無不痛苦萬分，一敗塗地。使用肘技加膝技，制敵效果奇佳，這種合二為一的同打絕技獨霸武壇。

使用肘膝同打絕技時，需要由搶位進身追打對手或潛避錯位閃打對手，以及原地待敵接打對手等不同戰術方式制敵於瞬間。

1. 挑頜頂襠

雙方開戰，對手突然進身用右手抓揪我胸衣，以左拳攻打我面部；我快速應對，用右上挑肘、右上頂膝同打對手下頜和襠部（圖 9-2-1）。

要點： 肘、膝同打一致，快速有力、準確，轉腰抬膝、提肘發力，力達肘尖、膝部，支撐腳扣趾抓地。

2. 砸頸撞胸

雙方開戰，對手突然用右橫擺拳攻打我頭部；我快速應對，上體下潛避化來拳，同時左腳側上步，用右砸肘、右撞膝同打對手後頸、胸部（圖 9-2-2）。

要點： 側步下閃身及時準確，出招快速兇狠，含身發力，力達肘尖、膝部，支撐腳扣趾抓地。

3. 擺頭跪襠

雙方開戰，我突然進身用雙手摟抱對手雙腿，同時右肩前頂其腹部，用抱腿摔將對手摔倒在地，接著快速上左

圖 9-2-1

圖 9-2-2

步，以右跪膝、右擺肘同打其襠腹、頭頸（圖9-2-3、4）。

　　要點：抱腿摔突然快猛，上步及時，肘、膝同打準確，沉身屈膝轉腰甩膀發力，力達肘尖與膝部。

圖 9-2-3

圖 9-2-4

4.砸面撞背

雙方開戰，我突然從對手背後進行襲擊，用左手摟控對手頭頸回拉，同時用右砸肘、右撞膝同打其面門和腰部（圖9-2-5）。

要點：左手回拉準確有力，肘、膝同打含身發力，力達肘尖、膝部，支撐腳扣趾抓地。

5.擺耳撞胸

雙方開戰，對手突然用左直拳攻打我頭部；我快速應對，用左手刁抓來拳後拉，同時側上右步，用右擺肘、左斜撞膝同打對手頭側耳門要穴和胸部（圖9-2-6）。

要點：刁抓手準確有力，上步轉腰發力，撞膝兇猛，力達肘尖、膝部，支撐腳扣趾抓地。

圖 9-2-5

圖 9-2-6

6. 砸肘頂臂

雙方開戰，對手進身用右手抓拉我胸衣施暴；我快速應對，用右手扣抓來拳腕部，同時身體右轉 90°，用左砸肘、左上頂膝同打對手肘臂（圖 9-2-7）。

要點：扣抓牢固，肘、膝協同一致，上下形成合力，含身發力，力達肘、膝，支撐腳扣趾抓地。

7. 頂面撞腿

雙方開戰，對手突用中位右邊腿狠踢我腰肋；我快速應對，身體左轉，用右撞膝迎截來腿根部，同時以右頂肘猛擊對手頭部（圖 9-2-8）。

要點：轉身、撞膝連貫、及時、準確，肘、膝攻擊協同一致，轉腰送肩發力，力達肘、膝，支撐腳扣趾抓地。

圖 9-2-7

圖 9-2-8

圖 9-2-9　　　　　　　　　圖 9-2-10

8. 掃頭擋膝

雙方開戰，對手從背後用左撞膝襲擊我後腰要害處；我快速應對，身體右轉，以右側位擋膝阻破來招，同時用右平掃肘反擊其頭頸（圖 9-2-9）。

要點：轉身快速，掃肘、擋膝連貫協調，轉腰發力，力達肘尖、外膝，支撐腳扣趾抓地。

9. 擺頭撞心

雙方開戰，我突然騰身出左飛膝、右橫擺肘搶攻同打對手心窩、頭頸要害處（圖 9-2-10）。

要點：搶攻及時果斷，騰身輕靈、敏捷，肘、膝同打一致，轉腰發力，力達肘尖、膝尖。

（三）貼身靠打技法

貼身靠打是武學真藝，被歷代武林名家高手秘藏，並

把它視為克敵制勝的法寶，一般都不肯輕傳他人。為何貼身靠打在實戰中威力四射，制勝對手易如反掌呢？究其原因有三：第一，它屬於近身短打技法，對戰時對手防守化解困難；第二，出招部位堅硬無阻，勁道雄厚；第三，利用周身之力打擊對手，極易使對手倒跌或重傷。

以下介紹貼身靠打技法中的頭打術、肩打術、胸打術、背打術、腹打術、胯打術和臀打術，這些技法雖然技擊實效明顯，但對施技者周身協調性、平衡性、準確性要求都很高，若想步入妙境，必須經過一番潛心修練。

1.頭打術

（1）雙方對搏，對手從背後實施抱腰折摔攻擊；我快速應對，用右腳纏扣對手右腳踝抗摔，同時以後撞頭撞擊其頭面，雙手側展（圖9-3-1）。

要點：纏勾腿準確有力，上體後仰，雙手伸展保持身體平衡，甩頭展腹發力，力達頭後部。

（2）雙方對搏，對手突然用雙砍掌攻打我脖頸；我快速應對，用雙手臂外擋破化，隨即雙手翻腕抓握對手雙手腕後拉，同時進步用頭撞擊其胸部（圖9-3-2、3）。

要點：接位準確，抓控牢固，進步、頭撞整體發力，力達頭頂，頸肌緊縮，口齒閉合。

圖 9-3-1

圖 9-3-2

圖 9-3-3

（3）雙方對搏，對手突然用右邊腿攻踢我腰肋；我快速應變，上右步用雙手外拍破化來腿，同時以頭撞打擊對手胸部（圖 9-3-4）。

要點：上步、外拍、頭撞動作連貫，協調一致，上步及時，外拍迅猛，蹬地轉腰甩頭髮力，力達頭側。

圖 9-3-4

（4）雙方對搏，對手從背後用雙手抓拉我肩衣欲施摔技；我快速應變，俯頭右轉身體，面向對手，使其雙手自行絞別而脫，隨即蹬地躍身用頭飛撞其胸腹，雙手臂側展（圖 9-3-5—7）。

要點：順勢轉身、絞別、頭撞連貫快速，躍身輕靈，閉齒梗頸，力達頭頂。

（5）雙方對搏，我突然從對手背後上步搶攻，用雙手

圖 9-3-5

圖 9-3-6

圖 9-3-7

抱拉其雙腳，同時以頭撞其腰臀，使之倒跌在地，接著順勢跪步將其雙腳內外疊鎖（圖 9-3-8、9）。

　　要點：搶攻抱拉與頭撞協調一致，雙手向後、頭部向前異向發力，口齒閉合，頸肌收縮，疊鎖手法連貫、有力。

圖 9-3-8

圖 9-3-9

2. 肩打術

（1）雙方對搏，對手突然用左擺拳摜打我頭部；我快速應變，側進右步，上體潛閃避化來拳，同時以左撞肩擊打其胸肋要害（圖 9-3-10）。

要點：潛身、側進步、肩撞動作連貫、協調一致，蹬地轉腰抖肩貼身發力，力達肩部。

（2）雙方對搏，對手突然轉身用右旋擺腿攻踢我上體；我快速應變，進步用雙手向外拍阻破化來腿，隨即以

左撞肩貼打其後背（圖9-3-11、12）。

　　要點：外拍準確、有力，拍腿、撞肩連貫快速，轉腰送肩整體發力，力達肩部。

　　（3）雙方對搏，我突然進身下潛用雙手抱拉對手前支撐腿，同時以右肩向前方下撞擊其膝關節，使其摔跌在地（圖9-3-13）。

圖9-3-10

圖9-3-11

圖9-3-12

圖9-3-13

圖 9-3-14

圖 9-3-15

要點：抱腿果斷、準確，雙手回拉與肩撞前頂形成錯力，俯身轉頭髮力，力達肩部。

（4）雙方對搏，對手從背後抱控我腰部；我快速應變，用雙腳蹬地突然右轉身以右撞肩撞擊其肩部（圖 9-3-14）。

要點：抱腰瞬間貼身肩打，蹬地甩腰轉頭發力，力達肩部。

（5）雙方對搏，對手突用右下劈腿猛攻我頭部；我快速應變，上右步貼近對手，用右肩上撞來腿，將其撞倒在地，雙手隨動體前（圖 9-3-15）。

要點：上步及時，肩撞緊貼，破化對手劈腿的發力點，雙手隨動保持自身平衡及防劈腿滑落，蹬地轉腰，周身整體發力，力達肩部。

3.胸打術

（1）雙方對搏，對手突用左撞膝攻打我腹部；我快速

圖 9-3-16　　　　　　　　圖 9-3-17

應變，上左步右轉身，左手向上抄掛來腿膝窩破化，同時用左胸貼身靠打其上體，使之倒跌在地（圖 9-3-16）。

　　要點：向上抄掛準確有力，靠打迅猛，轉腰抖身發力，力達胸部，右手隨擺體側。

　　（2）雙方對搏，對手突然近身用右手回拉抓扯我胸衣；我快速應變，順勢上左步，以貼身胸靠擊打其上體，令其倒跌在地（圖 9-3-17）。

　　要點：上步、胸打一致，快速有力，轉腰抖胸發力，力達胸部，雙手隨動。

　　（3）雙方對搏，對手突用雙推掌進攻我胸部；我快速應變，用雙手由裏向外纏撥破化來招，接著快上左步，以左胸撞貼身靠打其上體，使之倒跌在地（圖 9-3-18、19）。

圖 9-3-18

圖 9-3-19

圖 9-3-20

要點：雙手纏撥敏捷、有力、上步、胸打協調一致，貼身抖胸發力，力達胸部。

（4）雙方對搏，對手近身欲施過胸摔攻擊我；我快速應變，用雙手反抱對手上體，含胸沉身抗摔，接著進步開胸展臂，以貼身胸打反擊對手（圖 9-3-20、21）。

圖 9-3-21

要點：雙手反抱牢固，含胸沉身迅速，胸部合開有力，蹬地展身發力，進步與貼身胸打一致。

（5）雙方對搏，對手突用左低腿猛踢我右腿外膝；我在身體失衡瞬間，蹬地躍身胸打撞壓對手上體，使其側跌在地，同時雙手側開下壓（圖 9-3-22、23）。

要點：順勢出招，準確快速，躍身輕靈，胸打有力，

360

圖 9-3-22

圖 9-3-23

沉墜身體。

4.背打術

（1）雙方對搏，對手突用左直拳攻打我頭部；我潛身破化來招，同時用抱腿過背摔，雙腳蹬地展腹將對手摔在地上，隨即身體後倒，用背部砸壓其上體（圖 9-3-24—26）。

圖 9-3-24

圖 9-3-25

圖 9-3-26

　　要點：潛閃及時，進步迅速，抱腿牢固，雙腳蹬地展身發力，力達雙臂，後倒時兩手展開以增加砸壓力量。

　　（2）雙方對搏，對手突然從背後用雙手抱摔我；我快速應變，沉身含胸前俯抗摔，隨即重心後移，以背打動作將其打出，雙臂向後開展（圖 9-3-27、28）。

　　要點：被抱時向前含身抗摔，借對手後爭之勢，抖身發力，順勢背打。

圖 9-3-27

圖 9-3-28

（3）雙方對搏，對手突用右邊腿攻踢我腰肋；我快速應變，左掌向外砍截來腿，順勢粘掛不脫手，隨即上右步出右手纏抱其腿，身體左轉後跌，用背部砸壓其上體（圖9-3-29、30）。

要點：雙手纏抱腿準確、牢固，貼身背打砸壓快捷，力達背部，雙手暗藏錯膝動作，使對手受到雙重打擊。

圖 9-3-29

圖 9-3-30

武術實用技法精粹

圖9-3-31

圖9-3-32

（4）雙方對搏，對手突用雙手猛力推擊我胸部；我快速應變，左轉身體，隨其勢用手下拉別摔將其摔跌在地，隨即左轉後躺身，用背部砸壓其上體（圖9-3-31—33）。

圖9-3-33

要點：手別、貼身轉腰發力，別摔時左手扣控對方右手，右手插扳其右腿外膝，背打順勢跌壓，挺身展背，力達背部。

（5）雙方對搏，對手突用左直拳攻打我面門；我快速應變，用右手向外刁抓來拳，接著上左步右轉身以背打反擊對方，同時左手盤別其肘關節（圖9-3-34）。

圖 9-3-34

圖 9-3-35

要點：接招準確有力，上步、轉身、背打連貫，雙手暗含爆挫肘關節的動作。

5.腹打術

（1）雙方對搏，對手突用右蹬腿蹬踢我腹部；我快速應變，用雙手鎖抱來腿，同時含

圖 9-3-36

胸收腹吸粘其腳底，隨即進步鼓腹送打對手，使其倒跌在地（圖 9-3-35、36）。

要點：接招準確，腹部吞吐發力快整，移步輕靈穩健。

（2）雙方對搏，對手突然進身用右直拳打擊我腹部；我快速應變，進步挺腹頂擊來拳，使之拳腕受挫，同時用

365

圖 9-3-37　　　　　　　　圖 9-3-38

雙手摜打其耳門（圖 9-3-37）。

　　要點：沉身挺腹，移步整進，貫打準確有力，膽壯招猛。

　　（3）雙方對搏，對手突用頭撞攻擊我腹部；我快速應變，進身挺腹用腹打將其撞頂打出，雙手隨擺體前（圖 9-3-38）。

　　要點：進身沉胯，挺腹發力，力達腹部，腹部迎打，最易使對手脖頸挫傷。

　　（4）雙方對搏，對手突用右邊腿攻踢我腰腹；我快速應變，用左手回抱來腿，同時身體左擰以腹部頂別其腿膝下壓，使之倒跌在地（圖 9-3-39）。

　　要點：抱腿準確有力，轉

圖 9-3-39

圖9-3-40

圖9-3-41

腰俯身快速，腹部迎打彈抖，右手隨動。

6.胯打術

（1）雙方對搏，對手突用右擺拳攻打我頭部；我快速應變，左轉身上右步直踏其中門，右臂上挑來拳，同時出右胯擊打其腹部，使其失衡（圖9-3-40）。

要點：上步、挑臂、胯打協調一致，抖胯移重心發力，左手臂屈護體前。

（2）雙方對搏，對手突用轉身右鞭拳抽打我面門；我快速應變，用右手外擋破化來拳，同時進步以左胯打擊其腰臀，使其失衡（圖9-3-41）。

要點：接招準確，貼身、胯打勁整，移步靈穩。

（3）雙方對搏，對手突用左踹腿攻踢我胸部；我快速應變，上右步左轉身用右手掛抄破化來腿，同時以貼身右胯打擊其臀部，使之倒跌在地左手護於頭側（圖9-3-42—44）。

圖 9-3-42

圖 9-3-43

圖 9-3-44

要點：掛抄腿、上步、胯打協同一致，胯打有力、快速，膽壯招猛。

7. 臀打術

（1）雙方對搏，對手突用右側踹腿攻踢我胸部；我快速應變，用左手向內掛格來腿，接著後撤右步身體右轉，

以臀打撞擊其腰臀處，使其失衡（圖 9-3-45、46）。

要點：接招破腿準確、有力，移步、臀打一致，俯身擨臀發力，力達臀部。

（2）雙方對搏，對手突用右裏合腿踢擊我頭部；我快速應變，潛身下閃來腿，同時進步用右手上摟對手支撐腳腳跟，左手向下推擊其腰臀處，使之倒跌在地，接著躍身

圖 9-3-45

圖 9-3-46

臀擊其後腰處，也可配合右劈掌補擊其後腦（圖 9-3-47—
49）。

圖 9-3-47

圖 9-3-48

圖 9-3-49

圖 9-3-50

圖 9-3-51

要點：潛身敏捷，摟腿摔及時準確、有力，躍身臀擊沉身發力。

（3）雙方對搏，對手突然進身用雙手鎖掐我咽喉；我快速應變，用雙手抓拉其肩衣，身體順勢向後倒地，同時以右上蹬腿蹬擊對手腹部，使之從頭上方翻跌在地，隨即向後滾身騎壓在對手身上臀打其腹部（圖 9-3-50、51）。

要點：倒地自然，下頜內含，雙手抓拽與蹬腹協同一致，沉身坐臀發力，也可配合右拳攻打其頭部，實施雙重打擊，制勝效果更佳。

（4）雙方對搏，對手突用右邊腿攻踢我腰肋；我快速應變，進身用左手摟接來腿，同時以左低邊腿狠踢其支撐腿膝窩處，使之倒地，隨即躍身臀打其腹部（圖 9-3-52、53）。

要點：進身迅速，摟接腿準確穩固，低邊腿轉身合胯發力，力達腳背，沉身臀打脆猛，也可配合左下砸肘補擊對手頭部，實施雙重打擊，制勝效果更佳。

371

圖 9-3-52

圖 9-5-53

（四）實用撈腿絕藝

實用撈腿是武術中的高級技法，是施技者運用單手或雙手抄撈、撥掛對手雙腿，使之失去平衡，倒跌在地，喪失戰鬥力的技法。

使用撈腿絕藝要求借力發招、眼明手快、身靈膽壯，以及動作順暢連貫、一氣呵成。

1. 雙方交戰，對手突然用左直拳搶攻我頭部；我疾變招式應對，用右手臂上架破化來拳，同時沉身，左手向上抄撈對手左腳跟，右手臂下壓其胸部，使其失衡倒跌在地，喪失戰鬥力（圖 9-4-1、2）。

要點：架拳及時準確，雙手上下壓胸與撈腿相合一致，動作快猛兇狠。

2. 雙方交戰，對手突然用右直拳搶打我面門；我疾變招式應對，用右手臂向外擋抓下拉破化來拳，同時進步，身體右轉，用左手向上托撈對手右小腿，使其失衡倒跌在

圖 9-4-1

圖 9-4-2

地，喪失戰鬥力（圖 9-4-3、4）。

　　要點：擋抓手及時有力，進步、轉身、撈腿一氣呵成，發力快狠兇猛。

　　3. 雙方交戰，對手突然從背後使用雙手抱腰摔技進攻；我疾速應對，身體下沉抗摔，同時俯身用雙手向上抱撈對手左小腿，臀部向下錯坐其膝關節，使其失衡倒跌在

圖 9-4-3

圖 9-4-4

地，喪失戰鬥力（圖9-4-5、6）。

要點：沉身、撈腿、坐臀協調一致，動作快速有力、兇猛。

4. 雙方交戰，對手突然用右橫擺拳攻擊我頭頸；我疾速變招式應對，左腳偷步，用左手臂外擋破化來拳，同時身體左轉，左手擋抓成弧形下拉對手右手腕，右手向上反撈其右腳跟處，使之失衡倒地，喪失戰鬥力（圖9-4-7、8）。

要點：擋抓手腕準確牢固，偷步、轉身、撈腿緊密相

圖9-4-5

圖9-4-6

圖9-4-7

圖9-4-8

圖 9-4-9　　　　　　圖 9-4-10

連，不可脫節，蹬地轉腰發力，力達觸點。

5.雙方交戰，對手突然用右邊腿踢擊我側肋；我疾速變招應對，用左手臂挾抱回拉破化來腿，同時身體下俯左轉，用右手向外反撈對手支撐腿膝窩處，使之失衡倒地，喪失戰鬥力（圖9-4-9、10）。

要點：接腿牢固，俯身時左手下拉、右手上撈，協調一致，蹬地轉腰發力，力達觸點，兇狠有力。

6.雙方交戰，對手突然進步用左直拳打擊我頭面；我疾速變招應對，側上右步，上體前傾閃進，同時用左手八字掌向下卡推對手脖頸，右手向上撈抱其左膝窩處，使之失衡倒跌在地，喪失戰鬥力（圖9-4-11、12）。

要點：閃身快捷，雙手推、撈協同一致，蹬地轉腰發力，力達觸點。

7.雙方交戰，對手突然進身用挾頸過背摔攻擊；我疾速變招應對，身體向後沉墜，頭頸回縮，同時俯身用左手下按對手後頸，右手向上回撈其右支撐腿小腿處，使之失

圖 9-4-11

圖 9-4-12

衡倒地，喪失戰鬥力（圖 9-4-13、14）。

　　要點：沉身縮頭有力，左右手上下相合一致，快速準確。

　　8. 雙方交戰，對手突然從背後摟抱我腰部欲施摔技；我疾速變招應對，身體右轉，右腳後繞鎖別對手左腳，同時上體俯身，左右手向上提撈其雙腿，使之失衡倒地，喪

圖 9-4-13

圖 9-4-14

失戰鬥力（圖9-4-15、16）。

　　要點：轉腰鎖腿快速準確，俯身突然，雙手提撈牢固蹬地展腹有力，右膝支頂對手後腰。

　　9.雙方交戰，我突然用左直拳佯打對手面門，接著進步俯身用右手反撈其左腳踝並向上弧形提拉，同時左手回護臉前，使之倒跌在地，喪失戰鬥力（圖9-4-17─19）。

圖9-4-15

圖9-4-16

圖9-4-17

圖9-4-18

圖 9-4-19

　　要點：虛上打下逼真，撈腿牢固有力，身體起俯與手臂撈力相合一致。

　　10.雙方交戰，我突然潛身用抱雙腿摔技進攻對手，對手應變，用雙手反壓抱我腰部，我變招上右步，雙手換位托撈其雙膝窩處，立身向體後將對手拋出，使之失衡倒地，喪失戰鬥力（圖9-4-20、21）。

圖 9-4-20

圖 9-4-21

圖 9-4-22

圖 9-4-23

　　要點：雙手換位快速準確，蹬地轉腰展腹發力，力達雙手，動作連貫兇猛。

　　11.雙方交戰，對手從體側方用雙手摟抱我腰部欲施摔技；我疾速變招應對，右腳踩步至其襠下位，同時上體前俯，左手上撈對手右腳踝，右手下按其大腿根，使之失衡倒地，喪失戰鬥力（圖 9-4-22、23）。

　　要點：踩步、俯身連貫協調，雙手上下合動，快速有力。

　　12.雙方交戰，對手突然進身用左擺拳攻打我頭部；我疾動應變，向前俯身閃化來拳，同時用左手由外至裏向上抄撈其左腳踝處，右手回護臉前，使之失衡倒地，喪失戰鬥力（圖 9-4-24、25）。

　　要點：俯身閃躲及時，撈腿準確，甩臂發力，力達觸點。

圖 9-4-24

圖 9-4-25

（五）三點怪異打鬥法

何謂三點打鬥法？簡單地講就是施技者運用自身三個不同體位參與攻防的武術技擊方法。此技法的優點是：第一，能夠發揮多點出擊的特點，使對手防護困難。第二，出招時合力較大，容易重創對手。第三，招式運用過程中

增強了自身的平衡性。第四，具有攻防同動的特點，從而獲得克敵制勝之奇效。

1. 實戰對搏中，對手出右直拳搶打我頭部；我用左手臂上架破化來拳，同時出右蹬腿、右推掌攻擊對手頭面及襠部，制服對手（圖9-5-1）。

要點：上架、推掌、蹬腿相合一體，準確有力，力達掌根與腳底，支撐腳扣趾抓地，意念兇狠，勁力爆足。

2. 實戰對搏中，對手進身用雙手抓拉我肩部欲用膝攻；我側移左步，左手向上托抓對手右手臂，同時以右上頂膝、右下砸拳合擊對手心腹和後腦，制服對手（圖9-5-2、3）。

要點：移步快速，托抓

圖9-5-1

圖9-5-2

圖9-5-3

手、砸拳、頂膝相合一體，準確有力，轉腰沉肩收腹發力，力達拳背與膝部。

3. 實戰對搏中，對手突然用左高側踹腿攻踢我胸部；我身體右轉躲閃，用雙托掌向上合托破化來腿，同時以左低側踹腿狠踢其支撐腿，使其倒地（圖9-5-4）。

要點：閃身及時，托掌、低踹相合一體，準確有力，轉腰展胯，屈膝發力，力達腳底。

4. 實戰對搏中，對手突然用右直拳搶打我面門；我上體右轉閃身，雙手向外刁抓旋扭來拳手臂，同時以右下踩腿狠踢對手前腿膝部（圖9-5-5）。

要點：刁扭手臂與踩膝相合一體形成前後爭力，轉腰裹胯發力，力達腳底。

5. 實戰對搏中，對手突然用雙擺拳摜打我頭部兩側；我用雙手臂向外擋化來拳，同時出右彈腿狠踢其襠部（圖9-5-6）。

要點：屈肘擋臂準確有力，防守與腿攻相合一體，右

圖9-5-4

圖9-5-5

圖 9-5-6

圖 9-5-7

腿屈膝彈射，力達腳尖。

6. 實戰對搏中，對手突然用右直拳攻打我頭部；我用左臂屈肘挑掛破化來拳，同時以右直拳、右釘腿狠擊對手頭面與膝脛（圖9-5-7）。

要點：挑掛、直拳、釘腿相合一體，快速準確，轉腰送肩扭胯發力。

圖 9-5-8

7. 實戰對搏中，對手突然用右擺拳攻打我頭部；我側上右步下潛身體避化來拳，同時出雙掌橫砍對手後背，左腿勾踢其前支撐腿，使之倒地（圖9-5-8）。

要點：潛身下閃及時，雙砍掌與勾踢腿相合一體，轉腰甩臂發力，力達雙掌及腳勾。

8. 實戰對搏中，對手突然用右直拳攻打我胸部；我側

圖 9-5-9

圖 9-5-10

上左腳，上體右轉，用雙手向外拍擊破化來拳，同時以右低邊腿狠踢其前腿內膝處，使之倒地（圖 9-5-9）。

要點：移步快捷，外拍掌與邊腿相合一體，轉腰裹胯發力，力達腳背。

9.實戰對搏中，我突然用右蹬腿、雙攛掌狠打對手襠部和雙側耳門要穴，制服對手（圖 9-5-10）。

圖 9-5-11

要點：出招快速果斷，蹬腿與攛掌相合一體，準確有力，含胸裹背，直膝送胯發力，力達腳底。

10.實戰對搏中，對手突然用右擺拳搶打我頭部；我身體重心後移，用斜十字雙拍掌封阻破化來拳，同時以左低橫側踹腿狠踢其前腿，制服對手（圖 9-5-11）。

圖 9-5-12

圖 9-5-13

　　要點：手腳相合一體，轉腰傾身發力，力達雙掌及腳底。

　　11. 實戰對搏中，對手突然用右直拳攻打我面門；我用左掌向裏拍擊破化來拳，同時以右栽拳、左上勾腿攻擊對手頭側及前支撐腿，使之倒跌在地（圖9-5-12、13）。

圖 9-5-14

　　要點：拍擊、栽拳、勾踢相合一體，快速準確，拳、腿形成上下合力，轉腰收腹裏臂含胸發力，力達拳面及腳勾。

　　12. 實戰對搏中，我突然從對手背後搶攻，雙掌由其腋下上穿鎖別下壓對手頭頸，同時出右下踩腿狠踢對手右膝窩，制服對手（圖9-5-14）。

　　要點：雙手鎖壓與下踩腿相合一體，沉身收腹發力，

力達雙手及腳底。

13.實戰對搏中，對手突然進身用右勾拳攻打我下頜；我用左手臂下壓破化來拳，同時以右點腿、右穿掌攻擊對手腹部與雙眼，制服對手（圖9–5–15、16）。

要點：拍壓掌、點腿與穿掌相合一體，快速準確，蹬地轉腰發力，力達指尖與腳尖。

圖9–5–15

圖9–5–16

圖 9-5-17

圖 9-5-18

　　14. 實戰對搏中，對手突然進身用右手抓揪我胸部；我身體左轉，用左手扣抓來腕，右手臂由下向上挑別其肘關節，同時以右頂膝狠撞對手腹部，制服對手（圖 9-5-17、18）。

　　要點：扣抓腕、挑別肘、頂膝相合一體，快速準確，轉腰提膝發力，力達右前臂外側和膝部。

圖 9-5-19

　　15. 實戰對搏中，對手突然用右標指穿戳我咽喉；我雙手上托破化來招，同時以右彈腿狠踢其襠部（圖 9-5-19）。

　　要點：托掌、彈腿相合一體，雙掌前後錯位托擊對手肘關節，彈腿快速，力達腳尖。

圖 9-5-20   圖 9-5-21

16. 實戰對搏中，對手突然用右側踹腿攻踢我胸部；我用雙手接抱來腳旋擰，同時身體右轉 180°以左後撩腿狠踢其襠部（圖 9-5-20）。

要點：雙手接抱腿準確，旋擰快速有力，後撩擺腿迅猛，力達腳底。

17. 實戰對搏中，對手突然用左旋擺腿攻踢我頭部；我用雙手向外拍阻來腿，同時以右低邊腿狠踢其支撐腿膝窩，使之倒地（圖 9-5-21）。

要點：雙手拍擊與低邊腿相合一體，快速準確，轉腰發力，力達腳背。

18. 實戰對搏中，對手突然用右手抓拉我胸部欲施拳攻；我雙手回抓拉抱其手臂，同時以右高點腿狠踢其咽喉（圖 9-5-22）。

要點：抓拉準確有力，上體後仰，以增加腿攻的距離，手腳相合一體，展腹送胯發力，力達腳尖。

19. 實戰對搏中，對手突然用左砍掌攻擊我脖頸；我用

圖 9-5-22　　　　　　　　圖 9-5-23

右手外擋抓拉來臂，同時以左頂膝、左勾拳同打對手腹部、下頜，制服對手（圖 9-5-23）。

要點：擋臂、頂膝、勾拳相合一體，準確快速，轉腰送胯，屈肘拋臂，力達拳面與膝部。

(六)女子防身實用奇招

　女子防身實用奇招是為了保護女性合法權益、免受不法分子的侵害而使用的一種防衛武技。在現實生活中，特別是女性，有可能遭到不法分子的侵害，雖然警察機關一再加大打擊不法分子的力度，但終究不可能讓警務人員一天 24 小時與每位女性形影相隨地保護，所以當自身合法權益受到侵害時，怎麼辦呢？答案只有一個：行動起來，自衛防身！

　從現行法律角度來講（我國刑法第二十二條）：「對自身或他人的人身、財產正在進行的不法侵害，而採取的制止不法侵害行衛，對不法侵害人造成損害屬於正當防衛，不負刑事責任。」「對正在進行行兇、殺人、搶劫、強姦、綁架

以及其他嚴重危及人身安全的暴力犯罪，採取防衛行為造成不法侵害人傷亡的不屬防衛過度，不負刑事責任。」

許多人都存有僥倖心理，認為危險不會降臨在自己頭上，其實不然，在我國，女性受性侵害案件也屢屢發生，其中一大批案件因人為因素而未去報案。可見女子防身實用奇招是重要的生存技能之一，每一位女性都應學習，其道理非常簡單，一個人理想再高、能力再強，一旦被不法分子所侵害，則一切無從談起，即便是非命案，也會給受害者帶來痛苦或傷殘。

據資料統計分析，女性受侵害大致可分為四種，即兇殺，指有意行兇殺人；傷害，指有意造成他人身體傷害；強姦，指使用暴力與女子性交；搶劫，指用武力搶劫他人財物。

在介紹女子防身實用奇招前，有幾點需要說明。

第一，要想成功運用這些奇招，應有良好的體質、獨特的技法和練習量的積累。第二，面對不法分子時，要根據不同侵犯程度隨機使用「輕招」和「重招」，以達到防身的目的。第三，除了搶財、奪物、傷人之外，還有就是劫色，所以在防身謀略上應有所區別，當遭遇色狼侵犯時，可先假做出應許，然後尋機出「重招」打擊，這樣效果更佳。第四，用招時要專打對方要害之處，以付出最小的成本來獲得最大的制敵效果。

1. 按臂頂襠

歹徒突然從正面用雙手抓拉我雙肩、進身強吻行暴時；我順勢用雙手下按其雙肘內彎處，同時側閃頭以右膝

猛頂其襠部，使其受傷（圖9-6-1）。

要點：出招突然、兇狠，按手與頂襠協調一致，快速有力。

2.抓衣擊肘

歹徒突然從正面用雙手摟抱控制我上體、進身強吻行暴時；我急速用右手抓拉其右臂衣服，同時右轉身以左肘擺擊其頭部太陽穴，使其受傷（圖9-6-2）。

要點：左擊肘與右手下拉形成合力，蹬地轉腰發力，力達肘尖，動作快猛、準確。

3.合手劈頭

歹徒突然從正面潛身用雙手摟抱我雙腿，欲使摔技將我摔倒在地實施強暴時；我急速下沉身體，雙腳扣趾抓地抗摔，同時雙手合握成拳向下猛力劈擊其後腦，使其受傷（圖9-6-3）。

圖 9-6-1　　　　　　　圖 9-6-2

圖 9-6-3

圖 9-6-4

圖 9-6-5

要點：沉身下劈協調一致，拱背鬆肩發力，力達拳
輪，動作快猛準確。

4.俯身折腕

歹徒突然從正面用右手抓拉我頭髮欲施暴；我急速用
雙手疊掌扣握其手腕，同時上體向前下方俯身折壓，令其
倒地（圖9-6-4、5）。

要點：疊扣手腕準確有力，弓身發力，快速兇猛。

5.雙指摳眼

　　歹徒突然從正面用雙手摟抱我腰部，進身摔按強暴我時；我急速用雙手拇指摳挖其雙眼珠，使其受傷（圖9-6-6）。

　　要點：摳指突然，準確有力，力達拇指，身材矮小的女性用招時可提起腳跟。

6.頭撞鼻梁

　　歹徒突然從正面騎壓在我身上施暴時；我急速用雙手向下抓拉其左右上臂衣服，同時用前額向上迎撞歹徒鼻梁，使其受傷（圖9-6-7）。

　　要點：雙手下拉與頭撞協調有力，及時準確。用招前可用語言誘敵佯服，使之麻痺大意時用頭撞效果更佳。

7.反手掏襠

　　歹徒突然從背後摟摸我胸部時；我急速側轉身以左反手掏抓其襠部，使其受傷（圖9-6-8）。

圖 9-6-6

圖 9-6-7

圖 9-6-8　　　　　　　　圖 6-6-9

要點：轉身及時，反手掏襠準確有力，力達五指。

8.雙手折指

歹徒突然從背後用雙手摟抱我腰腹欲施摔技行暴時；我急速用雙手攥握其左右手小指後折，使其受傷（圖 9-6-9）。

要點：攥握小指準確有力，挺身夾肘發力，力達雙手。

9.擰臂跪肘

歹徒突然從正面雙手猛推我胸部，欲將我推跌倒地強暴時；我急速順勢後撤右腳，左腳支別其前腿，同時右轉身用雙手抓擰其右手臂，使之倒地，隨即下跪用左膝跪壓其右肘處，制服歹徒（圖 9-6-10、11）。

要點：右腳後撤、左腳支別與身體右轉連貫快速，抓擰手臂及時準確，右手抓腕上提、左手向下扣壓肩部與左

圖 9-6-10

圖 9-6-11

跪膝形成錯力,力達膝部。

10.扳臂戳眼

歹徒突然正面騎壓在我身上欲施強暴時;我急速用右手扳控其左臂,使之不能逃脫,同時以左手食、中二指猛力戳摳其雙眼,使其受傷(圖9-6-12)。

圖 9-6-12

要點:出指快速、準確有力,力達指端,左右手發力形成爭力。

11.夾頸鎖臂

歹徒突然從正面雙手推壓我肩部,跪在襠前施暴時;我急速用雙手抓握其左右手,同時雙腿屈膝夾控其頭頸處,隨之身體右轉滾壓,左腳跟猛劈其頭部,並且雙手反

圖 9-6-13　　　　　　　　圖 9-6-14

關節鎖控歹徒右手臂，使其受傷（圖 9-6-13、14）。

　　要點：屈膝夾控牢固、迅速，側滾身與鎖臂協調一致，雙手反鎖關節兇猛有力。

12.鎖腿撞襠

　　歹徒突然從背後抓拉我頭髮行暴時；我急速順勢後移步，蹲坐後靠身體，同時雙手反抱其雙小腿，令其倒地，隨之用頭向後猛撞其襠部，制服歹徒（圖 9-6-15—17）。

　　要點：蹲坐後靠與雙抱腿及時準確有力，撞頭快速連貫，力達頭部。

圖 9-6-15

圖 9-6-16

圖 9-6-17

13. 纏腿坐膝

歹徒突然從背後用雙手摸抱我胸部行暴時；我急速用雙手向下扳控其手臂，同時用右腳尖由後向前纏繞其右腳跟，隨之身體下蹲，並用臀部坐壓歹徒右膝處，使其受傷（圖 9-6-18、19）。

要點：扳手及時使之不能逃離，右腳纏繞準確牢固，坐臀快猛有力。

圖 9-6-18　　　　　　　　圖 9-6-19

14. 拉腕頂襠

　　歹徒突然從側面用右手拉拽我左腕行暴時；我順勢左轉身，以右頂膝猛擊其襠部，同時右手扳控其左肩，使其受傷（圖 9-6-20、21）。

　　要點：順勢發力，頂襠準確有力，轉腰擰胯，力達膝

圖 9-6-20　　　　　　　　圖 9-6-21

部。

15. 壓臂穿喉

歹徒突然從正面用左手施暴摸我下身時；我急速用右手下壓來手，同時出左穿掌攻擊其咽喉，使其受傷（圖9-6-22）。

要點：壓臂穿喉一致，動作快速，準確有力，力達指端。

16. 閃頭穿腋

歹徒突然從側面用右手施暴摸我臉部時；我急速側閃頭，同時出左掌穿插其右腋窩，使其受傷（圖9-6-23）。

要點：閃頭及時，插掌快速，準確有力，力達指端。

17. 纏臂鎖肩

歹徒突然從側面用左手摟抱我脖頸行暴時；我急速用

圖9-6-22   圖9-6-23

圖 9-6-24

圖 9-6-25

右手由後向前纏繞下壓鎖制其肩部，同時雙膝下跪，使其跌撲在地（圖 9-6-24、25）。

要點：纏臂準確，快速有力，肩部與纏壓手形成槓杆力，雙膝應向體前右斜下方下跪，墜身發力。

18.頂肘翻打

歹徒突然從背後用雙手搶奪我背包時；我急速順勢撤左步，用左後頂肘猛擊其心窩，隨之上翻拳背連打其面部，使其受傷（圖 9-6-26—28）。

要點：順勢出招，事半功倍，頂肘、翻打一氣呵成，蹬地轉腰發力，力達肘尖、拳背。

圖 9-6-26

圖 9-6-27

圖 9-6-28

19. 遞包彈襠

　　歹徒突然從正面手持匕手搶奪我皮包；我需鎮定，同時佯裝服從將皮包在體前遞出，當歹徒接包的一剎那，我猛出右彈腿狠踢其襠部，使其受傷（圖 9-6-29、30）。

　　要點：佯裝服從使歹徒大意，不加防範，遞包應在面

圖 9-6-29

圖 9-6-30

圖 9-6-31

圖 9-6-32

前進行，遮擋其視線，為彈腿成功運用奠定基礎，出腿果斷，準確有力，力達腳尖。

20.托肘頂臀

歹徒突然從正面騎壓我身體用雙手掐扣脖頸行暴時；我急速用雙手向斜前方猛托其雙肘，同時以右上頂膝狠頂歹徒臀部，令其前滾倒地（圖 9-6-31、32）。

要點：托肘準確，頂膝快速有力，力達膝部。

21.鎖臂劈頭

歹徒突然從正面跪在襠前用雙手掐扣頸部欲施強暴時；我急速用雙手握控其雙手腕，雙腳狠蹬其胯部，隨之身體向右側滾動，雙手擰控其右臂，同時左膝頂壓歹徒肩窩，使其受傷（圖 9-6-33—35）。

圖 9-6-33

圖 9-6-34

圖 9-6-35

　　要點：雙腳蹬胯準確有力，雙手擰控鎖臂、側滾身體與左膝頂壓連貫快速，力達腳跟。

22.推頜鎖頭

　　歹徒突然以側身位壓控我上身欲行暴時；我急速用左掌向上猛推其下頜，隨即用右腳由上向下鎖壓其頭部，同時雙手擰抱其左臂，使其受傷（圖9-6-36、37）。

図 9-6-36

図 9-6-37

要點：推頜、鎖頭快速連貫，準確有力，雙手鎖抱手臂與右腿鎖頭同時挺身發力。

（七）傳統武術名招解秘

傳統武術是中華武術的精華，涵蓋了多種古老的優秀拳種，講求實用，推崇拳理，注重內外合一，具有剛柔並重、神形兼備、打練結合的特點。現將最具代表性的傳統武術名招進行解析，以展示其應有的魅力。

1.二龍戲珠

雙方對打，對手突然用右勾拳猛擊我心腹；我快速應變，用左手拍壓破化來招，同時以右手食、中指狠戳其雙眼（圖 9-7-1）。

図 9-7-1

要點：雙手協同而出，快速準確，兇狠有力，力達指端。

2.黃鷹鎖咽

雙方對打，對手突然用右擺拳猛擊我頭頸；我快速應變，左手外擋破化來招，同時身體左轉，上右步鎖別對手右腿，用右八字手鎖掐其咽喉要害（圖9-7-2）。

要點：進身出招準確快速，左擋臂防拳應有回抓和拉扯之勁、右手掐鎖咽喉應有下按之勁，別摔與掐喉要有雙重打擊的效果，發力快猛，力達手指。

3.黑狗鑽襠

雙方對打，對手突然用右直拳猛擊我面部；我快速應變，用左右掌上托破化來招，同時以右腿彈踢其襠部要害（圖9-7-3）。

要點：托掌、彈襠準確，兇猛有力，上防下攻協調一

圖 9-7-2

圖 9-7-3

圖 9-7-4

圖 9-7-5

致，力達腳尖。

4.白猿獻果

雙方對打，對手突然用右撞膝猛攻我心腹；我快速應變，用左手下拍破化來膝，同時以右勾拳狠擊其下頜要害（圖9-7-4）。

要點：拍膝準確，迅猛有力，勾拳轉腰發力，力達拳棱，雙手上下協同一致。

圖 9-7-6

5.金雞食米

雙方對打，對手突然俯身用雙手摟抱我雙腿欲施摔技；我快速應變，左腳回收，右拳猛力向下劈砸對手後腦要害，令其倒地（圖9-7-5、6）。

要點：移步快速，劈砸拳準確，含胸發力，力達拳輪，手腳協同一致。

6. 花豹入洞

雙方對打，對手突然用右直拳猛擊我面門；我快速應變，向後閃身避化來拳，同時以右側踹腿直踹其心窩要害（圖9-7-7）。

要點：閃身及時，踹腿脆猛，蹬地展胯，直膝發力，力達腳底，閃身與踹腿緊密連貫。

7. 鳳凰點頭

雙方對打，對手突然用右邊腿猛踢我側肋；我快速應變，雙手向斜下方阻拍破化來腿，同時進身用頭點撞其面部要害（圖9-7-8）。

要點：雙手拍阻準確、有力，進身撞頭快速連貫，呼氣發力，力達頭部。

圖9-7-7

圖9-7-8

8. 野馬撞槽

雙方對打，對手突然用擺拳猛擊我頭部；我快速應變，向下潛身向右前移步閃避破化來拳，同時以左肩撞擊其上體，令其倒地（圖9-7-9）。

要點：閃身及時，移步、撞肩相合一致，蹬地轉腰，呼氣發力，力達肩部。

9. 喜鵲登枝

雙方對打，對手突然用右直拳攻打我胸部；我快速應變，用左手下拍破化來拳，同時以右直拳、右蹬腿反擊其面部和襠部要害（圖9-7-10）。

要點：拍拳準確，短促有力，拳打腳踢一致，蹬地轉腰發力，力達拳面與腳底。

圖9-7-9   圖9-7-10

10. 仙鶴沖天

雙方對打，我突然進身用雙手向下抓拉對手雙肩，同時以左上沖膝狠撞其頭頸要害（圖 9-7-11）。

要點：出手快捷準確，下拉肩與上撞膝形成合力，蹬地躍身含胸發力，力達膝部。

11. 狸貓上樹

雙方對打，我突然進身用右鑽拳向上擊打對手咽喉，同時右腳橫踩其前腿膝脛處，左手回護胸前（圖 9-7-12）。

要點：主動搶攻，果斷快速，鑽拳與踩踢上下協同一致，動作兇狠，呼氣發力，力達腳底與拳面。

12. 白蛇吐芯

雙方對打，對手突然用左直拳攻打我頭面；我快速應

圖 9-7-11

圖 9-7-12

變，右手橫撥破化來拳，同時左手標指狠力直戳其咽喉要害（圖9-7-13）。

　　要點：撥拳準確、及時，標指探肩伸肘，轉腰呼氣發力，力達指尖。

圖9-7-13

13.餓虎撲食

　　雙方對打，我突然主動搶攻，右腳前移下踩對手腳面，同時雙手猛力向前推撲其胸部，使之倒地（圖9-7-14）。

　　要點：手、腳齊動，弓背發力，力達雙手及腳底。推撲時亦可配合發聲，以達助威助力之目的。

圖9-7-14

14.神牛入海

　　雙方對打，對手突然用左旋擺腿攻踢我頭部；我快速應變，蹲身用右前掃腿狠踢對手支撐腿腳跟，令其倒地（圖9-7-15）。

圖 9-7-15

要點：蹲身快速，掃腿準確，擰腰轉肩旋腳，呼氣發力，力達腳勾，雙手隨動，保持平衡。

15. 烏龍擺尾

雙方對打，對手突然進步用拳攻打我上體；我快速應變，向右轉身，以左旋擺腿猛力橫掃對手頭頸要害（圖 9-7-16）。

圖 9-7-16

要點：撐腳轉腰，展胯直膝，發力快猛，動作流暢，力達腳跟或腳底，雙手隨動體前保持平衡。

16. 蜻蜓點水

雙方對打，對手突然用直拳攻打我胸部；我快速應變，左手向下拍抓破化來拳，同時右拳翻背點打對手面門，隨之上體左轉前俯，左手回拉其手臂，右拳向下翻肘撩打其襠部要害（圖9-7-17、18）。

要點：右手上下翻打連貫快速，準確有力，左手拉控要牢固，以防對手逃脫，蹬地轉腰合胯，呼氣發力，力達拳背與拳輪。

17. 狂馬追風

雙方對打，對手突然用左直拳攻打我頭面；我快速應變，右腳側上步閃身避化來拳，同時出左橫掃腿狠踢對手胸腹要害（圖9-7-19）。

圖9-7-17　　　　　圖9-7-18

圖 9-7-19　　　　　　　圖 9-7-20

要點：移步、出腿協同一致，掃腿側身擰腰合胯，呼氣發力，力達腳背及脛骨處，雙手與掃腿反方向擺動，保持身體平衡，助長勁力。

18. 蠍子撩尾

雙方對打，對手突然用右直拳攻打我頭部；我快速應變，左轉身體 180°，右手反撩托破化來拳，同時右腳向上撩踢其襠部要害（圖 9-7-20）。

要點：閃轉身體及時，撩托手臂與踢襠齊動一致，發力快猛，力達腳跟，支撐腳扣趾站穩。

19. 白鶴展翅

雙方對打，對手突然進身用左掌猛推我胸部；我快速應變，右臂屈肘裏格破化來招，同時近身以左勾踢狠踢對手前支撐腿內側，左手向下劈其頭頸要害，使之倒地（圖 9-7-21、22）。

圖 9-7-21　　　　　　　　圖 9-7-22

要點：防守與反擊連
動，快速準確，側進步、
勾踢腿與下劈掌協同一
致，轉腰展臂發力，力達
腳勾與掌外沿。

20. 黑虎掏心

雙方對打，對手突然
用右直拳攻打我面門；我
快速應變，下閃蹲身以右
虎爪推打對手心窩要害（圖 9-7-23）。

圖 9-7-23

要點：見招打招，蹲身及時，閃打準確，蹬地轉腰發
力，力達虎爪根部，左手回護體前。

21. 順手牽羊

雙方對打，對手突然用進步雙推掌猛擊我胸部；我快

414

圖 9-7-24

圖 9-7-25

速應變，身體左轉 180°順化來招，同時雙手由下向上托抓
對手雙肘向左下方旋擰，令其倒地（圖 9-7-24、25）。

　　要點：借力順勢，轉身快捷，抓擰手牢固有力，蹬地
轉腰呼氣發力，力達雙手。

22.魚躍龍門

　　雙方對打，我突然進身
用左彈腿狠踢對手襠部，隨
之雙腳換跳以右凌空彈腿踢
其頭部要害（圖 9-7-26、
27）。

　　要點：雙腿連踢快速，
蹬地凌空出腿兇狠、準確，
直膝送胯發力，力達腳尖，
雙手體前隨動保持身體平
衡。

圖 9-7-26

圖 9-7-27

(八) 精鋭實戰組合技

　　精鋭實戰組合技術屬武術高級技擊法,是將拳打腳踢、肘頂膝撞、摔跌鎖拿融合為一體的連環招式,強調式式緊密,實戰意念兇狠,運用時要有排山倒海、摧枯拉朽之態勢使對手潰敗,從而體現多角度、多位點和多技法的立體式制控對手的特點。

　　1. 在實戰對搏中,對手突然進身用右擺拳攢打我頭部;我左臂屈肘外擋來拳,身體左轉,左手抓抱對手右手臂,右手下切其肩部,同時快上右腳,用腿支別將對手摔倒在地(圖 9-8-1、2)。

　　要點:擋臂及時準確,抓抱牢固,轉腰發力,右腿支別與抓抱、下切協調一致,發力合整。

　　2. 在實戰對搏中,對手突然用右直拳沖打我面門;我用十字手上架破化來拳,同時以左頂膝撞擊對手心窩,隨即以凌空右飛彈腿狠踢對手面門(圖 9-8-3、4)。

圖 9-8-1

圖 9-8-2

圖 9-8-3

圖 9-8-4

要點：架拳準確，上體稍後仰，頂膝送胯發力，飛彈快速。

3. 在實戰對搏中，對手突然用左邊腿攻踢我側肋；我用右手接抱來腿，左手回護體前，同時以右低邊腿狠踢其支撐腿膝窩，使之倒跌在地，隨即跪步用左下劈拳猛砸對手面門（圖 9-8-5、6）。

圖 9-8-5 圖 9-8-6

要點：進身抱腿準確，轉腰裹胯發力，力達腳背，沉肩墜肘劈拳，力貫拳輪。

4. 在實戰對搏中，對手突然用右擺拳摜打我頭部；我速用左臂屈肘外擋破化來招，接著側身以右側踹腿反踢其胸部，隨之落步前躍以挾頸過背摔將其摔倒在地（圖 9-8-7—9）。

圖 9-8-7 圖 9-8-8

圖 9-8-9

圖 9-8-10

要點：擋臂及時準確，側踹展胯直膝，順勢前躍，挾頸牢固，蹬地蹶臀，上體前俯。

5.在實戰對搏中，對手突然進身用抱單腿摔搶攻；我沉身用右下砸肘狠擊對手後背，接著變招用雙手抱擰其頭頸（圖9-8-10、11）。

圖 9-8-11

要點：沉身、砸肘協調一致，裹臂墜肘發力，力達肘尖；雙手抱擰快速準確，力走外弧形。

6.在實戰對搏中，對手突然進身用雙推掌攻擊我胸部；我順勢用雙手抓拉其雙肩蹲身後倒地，同時以右上蹬腿狠踢對手腹部，將其踢翻在地，隨即後滾身騎壓在對手身上用右直拳快打其面部（圖9-8-12—14）。

要點：雙手抓拉牢固有力，順勢下蹲後倒，上蹬腿與

圖 9-8-12

圖 9-8-13

圖 9-8-14

圖 9-8-15

抓手協調一致，滾身圓順，直拳迅猛，力達拳面。

7. 在實戰對搏中，對手突然出左直拳攻打我面部；我用右手臂裏拍破化來拳，接著進身以左勾拳抄打對手下頜，隨上左步連招以右劈拳砸擊其頭頸（圖 9-8-15—17）。

要點：拍擊破化短促，準確有力，拳打連環快捷，力

圖 9-8-16

圖 9-8-17

由腰發，拳腳協調一致。

8.在實戰對搏中，我突然用右低邊腿狠踢對手前腿外膝處，接著右腳落步用右擺拳摜打其頭部，隨之以左高邊腿踢其面部（圖 9-8-18—20）。

要點：搶攻快速，拳、腿組合技法連貫緊湊，力由腰發。

圖 9-8-18

圖 9-8-19

圖 9-8-20

9. 在實戰對搏中，我突然用左側踹腿攻踢對手頭部，對手上體後仰避化，我隨即進步變招用抱雙腿摔將其摔倒在地，隨之跪步盤肘狠擊其面部（圖 9-8-21—23）。

要點：上踹、下抱摔與盤肘組合技法連貫快速，準確有力，肘擊時左腳側跨步與俯身轉腰協調一致。

圖 9-8-21

圖 9-8-22　　　　　　　圖 9-8-23

　　10.在實戰對搏中，對手突然用左擺拳攆打我頭部；我用右臂屈肘外擋破化，接著身體右轉以左勾踢腿攻踢對手左支撐腿內側，對手提膝閃化，我隨即向右後轉身以右側蹬腿狠踢對手頭部（圖9-8-24—26）。

　　要點：防守及時，轉體順暢，連環腿快速兇猛，轉腰發力，力達腳勾及腳底。

圖 9-8-24　　　　　　　圖 9-8-25

圖 9-8-26

11.在實戰對搏中,我突然進身搶出左直拳、右擺拳連擊對手頭部,在對手躲閃之際,我雙拳變掌向下拍抓其頭和肩部,同時以左頂膝撞擊其胸腹,隨之身體右轉,左腳下落其身後以支別摔將其摔跌在地(圖 9-8-27—30)。

要點:拳打、膝撞、貼身摔組合技連環快速,準確有力,兇猛潑辣,意氣力相合。

圖 9-8-27

圖 9-8-28

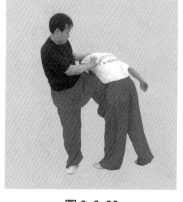

圖 9-8-29

圖 9-8-30

（九）無敵絕命連環腿

連環腿屬重磅殺傷性技法，兼融長度、力度和硬度於一體，可攻可守，攻守兼備，招式豐富，在實戰搏擊中可使對手眼花繚亂、屢遭敗果，難怪拳諺有「腿踢連環無人抵」之說。但是，在使用連環腿時，並不是一味盲目連踢就好，而是有所要求的，要想有效使用連環腿，應注意以下幾點：第一，連環腿技要通順自然，不失平衡，緊密相連。第二，要遵循於實用原則。科研表明，2 至 3 腿連環踢擊的效果最好。第三，要求起腿如風、落腿如釘，做到勁力道實，準確兇狠。

1. 彈腿 + 凌空彈腿

雙方交戰，我快速以左彈腿狠踢對手襠部，接著右腳蹬地，身體騰空以右彈腿飛踢對手面部（圖 9-9-1、2）。

　　要點：彈腿快出快收，準確有力，力達腳尖，轉腰送

圖 9-9-1 圖 9-9-2

胯，提氣擺臂，目視對方。使用凌空飛彈腿時要把握對手受擊後身體前傾之際踢擊。

2. 外擺腿＋下劈腿＋凌空擺腿

雙方交戰，對手突然用右高邊腿攻踢我頭部；我快速應對，用左外擺腿向外阻攔破化來腿，接著用右下劈腿狠踢對手頭面，對手後移步閃避，我順勢右腳落地，身體左後轉以凌空左外擺腿擺踢其頭部（圖 9-9-3—5）。

要點：左外擺腿阻攔準確有力，展胯轉腰發力；劈腿直膝下擺，力達腳跟；凌空腿騰身敏捷，腿法連環緊密，雙手自然擺動，力由腰發，目視對方。

圖 9-9-3

圖 9-9-4

圖 9-9-5

3.裏合腿＋後撩腿

雙方交戰，對手突然用右高位側踹腿猛踢我胸部；我快速應對，用右裏合腿破阻來腿，接著右腿下落，身體左後轉以左後撩腿狠踢對手襠部（圖 9-9-6、7）。

要點：裏合腿轉腰擺胯，後撩腿分臂挑胯，力達腳底

圖 9-9-6　　　　　　　　　圖 9-9-7

及腳跟，右、左腿連環，一氣呵成，裏合腿踢擊對手膝脛處，使其產生巨痛，轉身後撩腿快速，目視對方。

4. 低邊腿＋側踹腿＋高邊腿

雙方交戰，我突然用右低邊腿搶踢對手前支撐腿內側，接著右腳不落地連出側踹腿狠踢其心腹，隨對手後移，我落腳右轉身以左高邊腿踢擊其頭頸要害（圖 9-9-8—10）。

要點：出腿快疾如風，腰胯發力，力達腳背及腳底，目視對方。出腿踢擊對手時，應選擇空位點和失衡點，其踢擊效果最好。

圖 9-9-8

圖 9-9-9　　　　　　　　　　　圖 9-9-10

5. 下劈腿＋前掃腿＋後掃腿

　　雙方交戰，我突然用右下劈腿攻踢對手頭部，對手後移步破化，接著我以左前掃和右後掃腿連擊對手下盤根底，將其掃倒在地（圖 9-9-11—13）。

　　要點：劈腿由上而下直膝擺踢，力達腳跟；掃腿領頭

圖 9-9-11　　　　　　　　　　　圖 9-9-12

圖 9-9-13

竪頸，轉腰扣腳，掃踢連環，準確有力，目視對方。

6. 彈腿＋高邊腿

雙方交戰，我突然進身用右彈腿搶攻對手襠部，接著右腿不落地連出右高邊腿踢擊對手頭部，雙手自然擺動（圖 9-9-14、15）。

圖 9-9-14

圖 9-9-15

要點：彈腿搶攻果斷快速，邊腿活膝裹胯，倒肩擰腰發力，力達腳背，目視對方。右腿連踢可虛實互變，也可實腿連踢。

7. 勾踢腿 + 側鏟腿

雙方交戰，我突然進身用右勾踢腿勾踢對手前支撐腿腳跟，隨即連出右下鏟腿狠踢其後支撐腿內膝，使之倒跌在地（圖9-9-16、17）。

要點：勾踢準確，直腿擺胯；墊步進身側鏟腿連貫迅速，力達右腳外側，勾、鏟連環緊密，目視對方。

8. 外擺腿 + 下劈腿

雙方交戰，對手進身用拳技攻打我；我快速應對，用左外擺腿擺踢其頭部，對手下潛身閃化，我隨即以右下劈腿狠擊其頭頸（圖9-9-18、19）。

圖9-9-16

圖9-9-17

圖 9-9-18 　　　　　　　　圖 9-9-19

　　要點：外擺腿展胯，劈腿直膝下擺，兩腿連環腿快猛有力，目視對方。當對手下潛身還原站立時，我以劈腿踢擊效果最佳。

9. 前蹬腿＋側踹腿

　　雙方交戰，我突然從正面用右前蹬腿踢擊對手胸腹，接著右腳不落地，墊左步連出右側踹腿狠踢其頭頸要害（圖9-9-20、21）。

　　要點：蹬腿轉腰送胯，順勢連踢，側踹快猛有力，雙手自然擺動，目視對方。

10. 裏合腿＋後掃腿

　　雙方交戰，我突然用右裏合腿搶攻對手頭面，對手下潛

圖 9-9-20

圖 9-9-21

圖 9-9-22

身躲閃，我隨即轉身以左後掃腿狠踢對手支撐腿，使之倒跌在地（圖 9-9-22、23）。

要點：裏合腿快速有力，蹲身後掃腿連貫準確，目視對方。運用此招時，踢擊對手高、低雙點位，使之難以防範。

圖 9-9-23

11.裏纏腿 + 側踹腿

雙方交戰，對手突然用右蹬腿踢擊我襠部；我快速應對，用右裏纏腿阻擊破化，接著連出右側踹腿猛踢對手胸部（圖 9-9-24、25）。

要點：裏纏腿以膝關節為軸由外向裏纏踢，準確快捷，右腳不落地連出踹腿，雙手隨動，轉腰展胯，力達腳底，目視對方。

圖 9-9-24

圖 9-9-25

12. 前釘腿 + 側踹腿

雙方交戰，對手突然用右直拳攻打我面門；我快速應對，用右臂屈肘向外格擋，隨即翻掌刁腕，同時用右前釘腿踢擊對手前腿脛骨，接著對手補出左直拳打我頭部，我雙腳跳換，以左側踹腿狠踢對手胸腹（圖 9-9-26、27）。

圖 9-9-26

圖 9-9-27

要點：釘腿快速有力，力達腳尖，目視對方；雙腳換跳快捷，一能閃開對手的拳攻，二能變換重心，便於側踹腿的踢擊。

13. 勾踢腿 + 側踹腿 + 後掃腿

雙方交戰，我突然用左勾踢腿踢擊對手右腿腳跟，對手提腿破化，我隨即連出左側踹腿狠踢對手胸部，順勢蹲身變招，以右後掃腿將其掃倒在地（圖 9–9–28—30）。

要點：勾、踹、掃連環腿快速有力，勾腿轉腰裏胯，踹腿展胯直膝，掃腿擰腰轉頭扣腳，力達觸點，目視對

圖 9-9-28

圖 9-9-29

圖 9-9-30

方。

14. 踩腿 + 高邊腿 + 中邊腿

雙方交戰，對手突然用右扇掌抽打我臉部；我快速應對，右臂屈肘向裏格擋避化來掌，同時以右踩腿踢擊對手前腿脛膝處，隨即連出左高、右中邊腿狠踢其背部和軟肋（圖 9-9-31—33）。

要點：三腿組合連貫快速，力發於腰胯，達於腳底及腳背，倒肩裏胯協調一致，目視對方。當對手受踩腿攻擊向後移位時，我左、右邊腿正好出招攻擊。

圖 9-9-31

圖 9-9-32

圖 9-9-33

15. 低彈腿 + 側踹腿 + 旋擺腿

雙方交戰，我突然用左低彈腿誘踢對手前小腿，隨對手後撤，我快出右高側踹腿踢擊其面部，隨即向左轉身，連出左旋擺腿狠踢對手頭部（圖9-9-34—36）。

要點：彈腿虛踢引誘對手注意力；踹腿側身展胯，力達腳底；旋擺腿擰腰、甩頭、直膝擺踢，力達腳底及小腿後側，三腿緊密相連，左右手自然擺動，目視對方。

圖9-9-34

圖9-9-35

圖9-9-36

導引養生功

1 疏筋壯骨功＋VCD
定價350元

2 導引保健功＋VCD
定價350元

3 頤身九段錦＋VCD
定價350元

4 九九還童功＋VCD
定價350元

5 舒心平血功＋VCD
定價350元

6 益氣養肺功＋VCD
定價350元

7 養生太極扇＋VCD
定價350元

8 養生太極棒＋VCD
定價350元

9 導引養生形體詩韻＋VCD
定價350元

10 四十九式經絡動功＋VCD
定價350元

張廣德養生著作　每冊定價350元

輕鬆學武術

1 二十四式太極拳＋VCD
定價250元

2 四十二式太極拳＋VCD
定價250元

3 八式十六式太極拳＋VCD
定價250元

4 三十二式太極劍＋VCD
定價250元

5 四十二式太極劍＋VCD
定價250元

6 二十八式木蘭拳＋VCD
定價250元

7 三十八式木蘭扇＋VCD
定價250元

8 四十八式木蘭劍＋VCD
定價250元

彩色圖解太極武術

1 太極功夫扇
定價220元

2 武當太極劍
定價220元

3 楊式太極劍
定價220元

4 楊式太極刀
定價220元

5 二十四式太極拳 +VCD
定價350元

6 三十二式太極劍 +VCD
定價350元

7 四十二式太極劍 +VCD
定價350元

8 四十二式太極拳 +VCD
定價350元

9 楊式十八式太極劍
定價350元

10 楊氏二十八式太極拳 +VCD
定價350元

11 楊式太極拳四十式 +VCD
定價350元

12 陳式太極拳五十六式 +VCD
定價350元

13 吳式太極拳五十六式 +VCD
定價350元

14 精簡陳式太極拳八式十六式
定價220元

15 精簡吳式太極拳三十六式 拳架·推手
定價220元

16 夕陽美功夫扇
定價220元

17 綜合四十八式太極拳 +VCD
定價350元

18 三十二式太極拳 四段
定價220元

19 楊式三十七式太極拳 +VCD
定價350元

20 楊氏五十一式太極劍 +VCD
定價350元

21 嫡傳楊家太極拳精練二十八式
定價220元

22 嫡傳楊家太極劍五十一式
定價220元

養生保健

古今養生保健法 強身健體增加身體免疫力

1 醫療養生氣功

醫療養生氣功
定價250元

2 中國氣功圖譜

中國氣功圖譜
定價250元

3 少林醫療氣功精粹

少林醫療氣功精粹
定價250元

4 龍形實用氣功

龍形實用氣功
定價220元

5 魚戲增視強身氣功

魚戲增視強身氣功
定價220元

7 道家玄牝氣功

道家玄牝氣功
定價200元

8 仙家秘傳祛病功

仙家秘傳祛病功
定價160元

9 少林十大健身功

少林十大健身功
定價180元

10 中國自控氣功

中國自控氣功
定價250元

11 醫療防癌氣功

醫療防癌氣功
定價250元

12 醫療強身氣功

醫療強身氣功
定價250元

13 醫療點穴氣功

醫療點穴氣功
定價250元

14 中國八卦如意功

中國八卦如意功
定價180元

15 正宗馬禮堂養氣功

正宗馬禮堂養氣功
定價420元

16 秘傳道家筋經內丹功

秘傳道家筋經內丹功
定價300元

17 三元開慧功

三元開慧功
定價250元

18 防癌治癌新氣功

防癌治癌新氣功
定價180元

19 禪定與佛家氣功修煉

禪定與佛家氣功修煉
定價200元

20 顛倒之術

顛倒之術
定價360元

21 簡明氣功辭典

簡明氣功辭典
定價360元

22 八卦三合功

八卦三合功
定價230元

23 朱砂掌健身養生功

朱砂掌健身養生功
定價250元

24 抗老功

抗老功
定價230元

25 意氣按穴排濁自療法

意氣按穴排濁自療法
定價250元

27 健身祛病小功法

健身祛病小功法
定價200元

28 張氏太極混元功

張氏太極混元功
定價250元

30 中國少林禪密功

中國少林禪密功
定價200元

31 郭林新氣功

郭林新氣功
定價400元

32 八卦之源與健身養生

八卦之源與健身養生
定價280元

33 現代原始氣功1

現代原始氣功
定價400元

34 養生開脈太極

開脈太極
定價300元

35 通靈功—養生祛病及入門功法

通靈功
定價300元

37 太極內功養生法

太極內功養生法
定價180元

太極跤

1 太極防身術
定價300元

2 擒拿術
定價280元

3 中國式摔角
定價350元

簡化太極拳

1 陳式太極拳十三式
定價200元

2 楊式太極拳十三式
定價200元

3 吳式太極拳十三式
定價200元

4 武式太極拳十三式
定價200元

5 孫式太極拳十三式
定價200元

6 趙堡太極拳十三式
定價200元

原地太極拳

1 原地綜合太極二十四式
定價220元

2 原地活步太極四十二式
定價200元

3 原地簡化太極拳二十四式
定價200元

4 原地太極拳十二式
定價200元

5 原地青少年太極拳二十二式
定價220元

6 原地兒童太極拳十種十六式
定價180元

健康加油站

1 糖尿病預防與治療

定價200元

2 胃部機能與強健

定價180元

3 不孕症治療

定價200元

4 簡易醫學急救法

定價200元

5 肥胖健康診療

定價200元

6 肝功能健康診療

定價200

7 高血壓健康診療

定價200元

8 高血糖值健康診療

定價200元

9 尿酸值健康診療

定價200元

10 膽固醇中性脂肪健康診療

定價200元

11 痛風劇痛消除法

定價180元

12 三溫暖健康法

定價180

13 手·腳病理按摩

定價180元

14 B型肝炎預防與治療

定價180元

15 吃得更漂亮、健康

定價180元

16 茶使您更健康

定價180元

17 圖解常見疾病運動療法

定價180元

18 科學健身改變亞健康

定價180

19 簡易萬病自療保健

定價220元

20 王朝秘藥媚酒

定價180元

21 立見實效保健操

定價180元

22 越吃越幸福

定價200元

23 荷爾蒙與健康
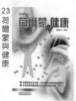
定價180元

24 越吃越長壽

定價20

25 自我保健鍛鍊

定價180元

26 斷食促進健康

定價180元

運動精進叢書

1 怎樣跑得快
定價200元

2 怎樣投得遠
定價180元

3 怎樣跳得遠
定價180元

4 怎樣跳的高
定價180元

5 高爾夫揮桿原理
定價220元

6 網球技巧圖解
定價220元

7 排球技巧圖解
定價230元

8 沙灘排球技巧圖解
定價230元

9 撞球技巧圖解
定價230元

10 籃球技巧圖解
定價220元

11 足球技巧圖解
定價230元

12 羽毛球技巧圖解
定價220元

13 乒乓球技巧圖解
定價220元

14 曲線球與飛碟球
定價300元

15 街頭花式籃球
定價280元

16 精彩高爾夫
定價330元

17 巴西青少年足球訓練方法
定價230元

快樂健美站

1 柔力健身球

柔力健身球
定價280元

2 自行車健康享瘦

自行車健康享瘦
定價280元

3 跑步鍛鍊走路減肥

跑步鍛鍊走路減肥
定價280元

4 創造健康的肌力訓練

創造健康的肌力訓練
定價220元

5 舒適超級伸展體操

舒適超級伸展體操
定價280元

6 水中有氧運動

水中有氧運動
定價280元

7 雕塑完美身材

完美身材
定價280元

8 創造超級兒童

創造超級兒童
定價280元

9 使頭腦變聰明

頭腦變聰明
定價280元

10 防止老化的身體改造訓練

防止老化
定價280元

11 三個月塑身計畫

3個月塑身計畫
定價280元

12 懶人族瑜伽

懶人族瑜伽
定價280元

13 忙裡偷閒練瑜伽基礎篇

瑜伽
定價240元

14 忙裡偷閒練瑜伽祛病養生篇

瑜伽
定價240元

15 健身跑激發身體的潛能

健身跑
定價200元

16 中華鐵球健身操

中華鐵球健身操
定價180元

17 彼拉提斯健身寶典

彼拉提斯健身寶典
pilates
定價280元

18 全身保健操＋VCD

全身保健操
定價280元

19 瑜伽美姿美容

瑜伽
美姿美容
定價180元

20 豐胸做自信女人

豐胸做自信女人
定價200元

21 輕鬆瑜伽治百病

easy yoga
輕鬆瑜伽治百病
定價280元

22 瑜伽秀體小品

瑜伽秀體
小品・Yoga
定價280元

23 熱舞瘦身小品

Hot Dance
熱舞瘦身
Getting Slim
定價280元

24 整形打造美麗

整形打造美麗
Beauty
定價250元

常見病藥膳調養叢書

1 脂肪肝四季飲食
定價200元

2 高血壓四季飲食
定價200元

3 慢性腎炎四季飲食
定價200元

4 高脂血症四季飲食
定價200元

5 慢性胃炎四季飲食
定價200元

6 糖尿病四季飲食
定價200元

7 癌症四季飲食
定價200元

8 痛風四季飲食
定價200元

9 肝炎四季飲食
定價200元

10 肥胖症四季飲食
定價200元

11 膽囊炎、膽石症四季飲食
定價200元

傳統民俗療法

1 神奇刀療法
定價200元

2 神奇拍打療法
定價200元

3 神奇拔罐療法
定價200元

4 神奇艾灸療法
定價200元

5 神奇貼敷療法
定價200元

6 神奇薰洗療法
定價200元

7 神奇耳穴療法
定價200元

8 神奇指針療法
定價200元

9 神奇藥酒療法
定價200元

10 神奇藥茶療法
定價200元

11 神奇推拿療法
定價200元

12 神奇止痛療法
定價200元

13 神奇天然藥食物療法
定價200元

14 神奇新穴療法
定價200元

15 神奇小針刀療法
定價200元

16 神奇刮痧療法
定價200元

17 神奇氣功療法
定價200元

品冠文化出版社

休閒保健叢書

1 瘦身保健按摩術
定價200元

2 顏面美容保健按摩術
定價200元

3 足部保健按摩術
定價200元

4 養生保健按摩術
定價280元

5 頭部穴道保健術
定價180元

6 健身醫療運動處方
定價230元

7 實用美容美體點穴術
定價350元

圍棋輕鬆學

1 圍棋六日通
定價160元

2 布局的對策
定價250元

3 定石的運用
定價280元

4 死活的要點
定價250元

5 中盤的妙手
定價300元

6 收官的技巧
定價250元

7 中國名手名局賞析
定價300元

8 日韓名手名局賞析
定價330元

9 圍棋石室藏機
定價250元

象棋輕鬆學

1 象棋開局精要
定價280元

2 象棋中局薈萃
定價280元

3 象棋殘局精粹
定價280元

4 象棋精巧短局
定價280元

太極武術教學光碟

太極功夫扇
五十二式太極扇
演示：李德印 等
(2VCD)中國

夕陽美太極功夫扇
五十六式太極扇
演示：李德印 等
(2VCD)中國

自然太極拳81式
演示：祝大彤
內功篇(2VCD)、
技擊篇(2VCD)、
篇養生篇(2VCD)

太極內功解秘
演示：祝大彤
(2VCD)中國

陳氏太極拳及其技擊法
演示：馬虹(10VCD)中國
推手技巧及功力訓練
演示：馬虹(4VCD)中國

楊氏太極拳
演示：楊振鐸
(6VCD)中國

本公司還有其他武術光碟
歡迎來電詢問或至網站查詢
電話：02-28236031
網址：www.dah-jaan.com.tw

原版教學光碟

國家圖書館出版品預行編目資料

武術實用技法精粹／武兵　武冬　著
　　　——初版——臺北市，大展，2008〔民97.07〕
　　　面；21公分——（實用武術技擊；18）
　　　ISBN　978－957－468－621－6（平裝）

1.武術　2.中國
528.97　　　　　　　　　　　　　　　97008543

武術實用技法精粹　　ISBN 978－957－468－621－6

著　　者／武　兵　武　冬
責任編輯／李　彩　玲
發 行 人／蔡　森　明
出 版 者／大展出版社有限公司
社　　址／台北市北投區（石牌）致遠一路2段12巷1號
電　　話／（02）28236031・28236033・28233123
傳　　眞／（02）28272069
郵政劃撥／01669551
網　　址／www.dah-jaan.com.tw
E - mail／service@dah-jaan.com.tw
登 記 證／局版臺業字第2171號
承 印 者／傳興印刷有限公司
裝　　訂／建鑫裝訂有限公司
排 版 者／弘益電腦排版有限公司
授 權 者／北京人民體育出版社
初版1刷／2008年（民97年）7月

定　價／380元

大展好書　好書大展
品嘗好書　冠群可期